U0855745

爱和自由教育文丛

时光里的爱

段武宽　著

中国妇女出版社

图书在版编目（CIP）数据

时光里的爱 / 段武宽著. -- 北京 ：中国妇女出版社，2021.1 (2021.4 重印)
(爱和自由教育文丛)
ISBN 978-7-5127-1936-1

Ⅰ. ①时… Ⅱ. ①段… Ⅲ. ①学前儿童－家庭教育 Ⅳ. ①G781

中国版本图书馆CIP数据核字（2020）第248130号

时光里的爱

作　　者：段武宽　著
项目统筹：刘明忆　应　莹
责任编辑：李一之
封面设计：季晨设计工作室
责任印制：王卫东
出版发行：中国妇女出版社
地　　址：北京市东城区史家胡同甲24号　　邮政编码：100010
电　　话：（010）65133160（发行部）　　65133161（邮购）
网　　址：www.womenbooks.cn
法律顾问：北京市道可特律师事务所
经　　销：各地新华书店
印　　刷：北京通州皇家印刷厂
开　　本：165×235　1/16
印　　张：15
字　　数：200千字
版　　次：2021年1月第1版
印　　次：2021年4月第2次
书　　号：ISBN 978-7-5127-1936-1
定　　价：59.80元

孙瑞雪序

一位年长的伙伴的故事

一口气看完这本书，内心涌动着感动。就好像目睹一位陪伴者，与自己的孩子从2岁多一起，一直长大到12岁；书中记录了孩子从幼儿时啼哭的故事到12岁可以高情商、高理智地对话的场景。

10年的岁月，10年情绪的成长、10年心智的成长、10年关系的成长，10年生命的变化……当你把这些故事串起来，你就可以立体生动地看到一个孩子延展10年的成长的秘密，而且一步都没有错过。

更为可贵的是，她所记录的并不是某一个孩子，也不是两三个孩子，而是几十个不同的孩子，千千面面地再现了那些精微的生长过程……以至于我们可以普适到无数个孩子身上。人类成长的奇迹，就在这本书中展开、发生了。

我提到“好像目睹一位陪伴者”，而没有说“老师”。老师在某种意义上是个权威——传道受业解惑——她的职责似乎是要教导孩子。但新教育是一种解放式的教育，没有教育者和被教育者的关系。关系改变了，改变为学生和老师都是共同认知的对象。

“教育工作者作为受教育者的教育者必须‘死去’，以便作为受教育者的受教育者重新‘诞生’。”“教师将越来越成为一位顾问，一位交换意见的参加者，一位帮助发现矛盾论点而不是拿出现成真理的人。”在联合国教科文组织出版的《学会生存》一书中，讲述了这种教育的不同。

但任何一本理论性的书籍，都无法将这种“共同认知的对象”生动地展示给你看。而这位陪伴者的真实记录，将这个新教育的精神，以一个一个对场景、事件的描述，间接地把这种精神呈现了出来，她让你看到成人与儿童是如何“同呼吸、共患难”的。在这种状态下，平等意识、自由精神就在“共同认知”的历程中成了孩子生命的特质。

成长，没有精神上的压制和禁锢，没有情绪上的恐惧和不安，没有感受上的畏缩和隐忍，变得跳跃、鲜活。所以阅读时，我就有一种从禁锢中释放的精神上的愉悦感。而这些孩子在这样的陪伴之下，已经长大了。多么欣慰。

近日，朋友的孩子在学校里发生了一些不愉快的事，这个事件牵扯到了方方面面，无法完好地解决。朋友咨询我，正巧我在阅读这部书稿。我知道所有的孩子都是在冲突中成长的，而解决冲突，关键的部分是让孩子在冲突中，借冲突的事件，建构意识的清明，这是核心，而不是仅仅解决问题本身。而意识的清明，就必须把事件、情景、情绪、认知、关系都一层一层地剥离干净。在漫长的经历中，让孩子情绪成长、心理成长、认知成长，这大概需要清明的认知和方法。而这本书可以让你学到这些方法，也可以让老师的认知清明。

也许，我们换一个角度，这不是一般教育类的书籍，而是一个年长的伙伴的故事。我更加上心，想说一说触动我心灵的这部分——

第二天，整整一天，我没等来小智。

第三天语文课，讲完了内容，孩子们开始做PACE。我拿起孩子们交来的随笔本，开始翻看。

翻开小智的随笔，我看到了这段话：你还在生气吗？那天讨论课，你提醒我第三次时，小翔故意惹我说话和笑，我提醒他别再这样，你就说我在打扰，给我积分，还让我离开。我真的很生气。你真是个坏老师。不过，对不起啦！请原谅啦！

我的眼睛有些湿润，抬头看看小智的座位，他正在认真写PACE。我在他的随笔本上写了一句：我们需要面对面沟通。

下午我出大厅门时，小智正好进门，我俩停下来，对视了一下，眼睛都红了。他轻声说：“对不起。”

我拥抱住他，说：“对不起。”

我们几乎同时说了三个字：“原谅了。”

如果我是一个孩子，一位成人和我这样共情，我就不会感到孤独。孩子在成长的过程中，很少有年长的伙伴。因为没有这样的支持者，大部分孩子都是孤独的。

也许这本书，可以带着你一起转换一个角度，因为书中恰好讲述了一个陪伴者，一位年长的伙伴的故事。

自序

时光里的爱

提起笔，26岁的我第一次走进幼儿园的画面忽然近在咫尺。

“爱孩子，尊重孩子”，这是孙瑞雪老师给我们上的第一节课。她年轻、明亮、充满活力，她说：“我们要让孩子成为他自己……”在我生命的头26年里从未听过这样的语言，但那一天，这些语言闯进我的内心，熠熠生辉。

幼儿园要求老师不可以限制孩子，不可以打扰孩子。初为教师，我总是不知道自己该怎么做，小心翼翼之外会手足无措。第一次中午值班，恰值银川炎热的七月，孩子们都睡着了，我不敢睡，在卧室里走来走去。无事可做，就去为每个孩子盖毛巾被，盖得认认真真，严严实实。

孙老师见了，轻声提醒我：“小段，放松些，和孩子一起生活，孩子睡着，你就睡……”

幼儿园有规则：孩子不想进教室，就允许他在教室外选择自己喜欢的活动。如果孩子想哭，就让孩子把自己的情绪哭出来，老师陪着他。

面对这些规则，起初我的心里很慌，总有些念头冒出来：难道就任由他们在院子里晃？任由他们一天一天这样哭吗？我带上了新入园的孩子，面对分离的焦虑，他们总是哭。孩子一哭，我就心里打鼓，但仍旧说着“老师陪着你”，别的话一句都说不出来。

牵着孩子的手，一圈一圈地在院子里走过；看着孩子流泪，一天一天地陪伴。这之后，我才知道，原来孩子真的可以这样带！哭过之后，孩子真的会平静下来，他们真的知道自己需要什么、不需要什么；放松之后，孩子真的会主动进教室，他们真的愿意自己铺开工作毯，愿意自己选择工作内容，愿意自己照顾自己……

我们白天和孩子一起，晚上进行集体学习。旧有的意识从我的生命里渐渐褪去，新的意识正渐渐醒来，有一种东西从无到有地生长起来，我和孩子的连接也渐渐紧密——

走廊里，我俯身帮助一个小小孩系好鞋带，她对我说“谢谢”，还甜甜地亲吻了我的脸颊；

楼梯下，幼儿班的一个男孩坐在游戏区默默流泪，我陪着他、倾听他，协助他解决问题，他给了我一个深深的拥抱；

一个小学高年级男生总是违反规则，我不断的提醒惹恼了他，他称我为“白痴老师”。偶然翻看到他们班的学期调查问卷，他却写着：“我最想感谢段老师，这一学期里她总是帮助我解决问题，倾听我的情绪。”

……

这些过往的情景，激发着我内心更多的对儿童的热爱，敦促着我保持作为一名教育工作者的自我觉察。它们沉淀在时光里，恬然而安静，偶有回想，总令我一时莞尔，一时泪盈。

2015年的春天，我已经做了校长。小学要整理环境，楼道的壁报有一些旧了，我想用新的换掉旧的。每张壁报都有作者，所以我去询问作者的意见：还要不要那张壁报？找到其中几个孩子，他们表示壁报已经很旧了，不要了。我告诉他们，老师会直接处理掉，他们表示同意。

我心想，旧壁报应该都不需要了，于是并未征得所有作者的同意，便安排了保洁阿姨清理壁报。壁报贴在墙上很久了，很难清理，保洁阿姨直接撕了下来。

快下班时，七八个四年级的孩子敲门进来，携带着一种能量，很生气：“老师，我们找你解决问题！”

他们来势汹汹，我赶紧起身让他们都坐在沙发上，请他们详细说明。

一个男孩气愤地质问："是谁下命令撕壁报的？"

我老实交代："是我。"

他说："你知道吗？从一年级到四年级，那张壁报是我做得最好的一张，可是却被撕了！"愤怒夹杂着难过，他的眼里噙着泪。

我意识到自己错了，说："实在对不起，因为想换一批新的壁报，所以旧的壁报老师就直接处理了。但我没有再询问你的意见，还有你们其他几位作者，我向你们道歉，向你们所有人道歉！"

男孩的情绪还未平复，又气呼呼地说了说他的壁报和他的情绪。其他孩子也你一言我一语地表达着不满。

站在最边上的一个男孩，手里拿着一把扇子。有小朋友说话的时候，他就用扇子给他们扇风，试图缓和办公室里剑拔弩张的气氛。

这时，一个女孩理性地说："老师，我们并不是来兴师问罪的，只是来了解一下情况，看看怎么解决这个问题。"

我特别感谢这个女孩解围，立即询问："你们看，这件事怎么解决好呢？"

另一个姑娘，坐在沙发一头，接着说："现在想来，以后我们应该会做出更好的壁报，可能比这些壁报还要好。"

又一个孩子说："其实大家真的不要了，但撕下来的时候应该提前向每张壁报的主人说一声。”

我非常赞同，说：“对的，是这样。这是老师做错了，真的很抱歉。”

孩子们的情绪都平复了下来，陆续表示：“好吧，问题得到解决了，我们就走了。”

我对他们说：“下次不会发生这样的事情了，谢谢你们过来和老师商量解决问题，也帮助老师意识到了自己的错误。”

坐在沙发一头的女孩第一个站起来，说：“老师，我能不能拥抱一下你？”

我和她拥抱在一起，然后其他孩子自动排起队，每一个人都过来拥抱了我。

这就是我们的孩子，他们勇敢、确定，他们有思想、明是非、有力量、有界限，还有爱。即使有情绪，他们依然能在爱和尊重中去解决问题。

25年间，我从教师到校长，从幼儿园到小学，我把自己跟孩子之间发生的事情一点点珍藏进我的笔记本。25年后，我将它们汇成这本书，分享出来。整理时，常生出一种言不能及的遗憾。教育的发生绝大多数情况下不是惊天动地的，唯有置身其中，静静体会，静静陪伴。

但我仍盼望这些记录能带给读者一些些信心：信任孩子的成长，

信任爱的力量；还希望能带给父母和教师们一些些安心：不要慌张，从来就没有什么起跑线，如果一定要有，那必然是爱。将你的爱，安安稳稳地放进孩子漫长的成长时光中，让我们的孩子有机会成长为自己。

目录

第1篇
稚子童心

第2篇 同学少年

第3篇 致父母

1

第一篇

稚子童心

不气馁的信号

这个早晨，雨薇被接进幼儿园后，就一直站在我的身旁，眼泪汪汪的。这个两岁八个月的小女孩，入园仅仅三个月，离开照顾自己的家人也只有三个月。我蹲下身关切地注视着她，问："雨薇，你怎么了？"

雨薇哽咽着说："段老师，你陪我睡觉。"

"好的，中午午休时我陪你。"

我心里想：这是早晨，怎么一来就想着睡觉？是昨晚没睡好吗？还是其他什么原因？

迎接着其他孩子的到来，我把这个小插曲抛诸脑后了。

整整一个早晨，雨薇总是跟随我的左右，每当我稍稍离开，她就哭起来，等我再次出现时，她就泪眼婆娑地问我："你刚才去哪儿了？"

今天雨薇怎么了？我的心里放着这个疑问。

早晨过去了，该吃午饭了。洗手时，雨薇又是眼泪汪汪："段老师，你陪我睡觉！”

“好的，我陪你。”我看着她，确定地回复她。

进了餐厅，其他孩子排队端饭，我给孩子们端汤，雨薇寸步不离地跟着我。一切都安顿好后，我坐了下来，雨薇站在旁边仍然很担忧的样子，她问：“段老师，你不回家吧？”

我说：“不回，今天我值班。”

她一溜小跑地去端了饭，坐下后把自己盘子里最大的一块鸡肉用勺子递给我：“段老师，你吃！”

午睡时，孩子们都认真地听我读故事书，雨薇躺下又起来，看着我，笑一笑，又躺下；过一会儿，再起来，看着我，又笑一笑……反复几次后，终于睡着了。

第二天早晨，我在门口接过了被妈妈送来的雨薇。我抱着她，她又哭又闹，她妈妈一脸不解，对我说：“今天哭着不想来，真奇怪！”

我安抚着雨薇，抱着她到餐厅里坐下来。

“雨薇，你怎么了？你为什么不想来幼儿园？”

她哭着问我：“段老师，你中午回家吗？”

“不回家，今天中午我值班。”

雨薇立刻停止了哭泣，端起碗来开始喝牛奶。

我突然间明白，原来她一直在担心的是中午谁值班！

“小精灵”班由徐老师和我一起带班。每天中午孩子午休，我和徐老师轮流值班，因为这一周徐老师请假去上海探亲，所以小王老师暂时调到我们班工作。雨薇第一次哭的前一天，是小王老师值的班，显然这打破了雨薇的秩序。

我与小王老师沟通了这件事，并与她协商好：徐老师回来之前，都由我来值中午班，不要让雨薇再这么担心和难过，也照顾好其他孩子的感受。

我认认真真地告诉雨薇，这几天都由我来陪她午休，她甜甜地笑了，趴在我的肩膀上，好久好久。一种安心的感觉，温暖着我们彼此。

两岁八个月的雨薇在两天的时间里，不断地用哭向我也向她的妈妈发出各种信息——换了个不熟悉的老师值班，打破了她的秩序，也可能是她的安全感受到了影响——她没有说出自己的担心和难过，只是用一次又一次的询问和哭泣，不断地提醒我们停下来，去了解她的需要，去关照她的感受。

孩子用哭来提醒成人，他们总是不气馁，一次又一次，成人常常感到迷惑，继而烦躁甚至愤怒。但是如果我们停下脚步，跟随他们的提醒，静静聆听，会发现孩子好似在给成人提供一个成长的空间，他们用自己的方式引导着我们，去关注他们情绪背后的秘密，去照顾他们情绪背后的那些需要，教会我如何做一名老师，教会他们的爸爸妈妈如何为人父母。

也许，天下所有的老师和父母，都是被孩子培养起来的。

特别的他更需要连接

下午放学时，孩子们边玩边等待爸爸妈妈来接。

申申手里拎着一块白色的小手绢，在二楼平台上走来走去。不一会儿，他停下来，抬起头，对着西边看了看，随即吟出：“夕阳无限好，只是近黄昏。”然后，继续来来回回地走着。

从申申的位置看出去，是幼儿园院子里那棵高大的银杏树，在北京秋季的夕阳下，金黄的颜色层层叠叠。我惊诧地看着四岁的他，此情此景，诗句如此契合，这小小的人儿，是怎样领悟的？

我们班里共有二十个孩子，每一个都独一无二，申申是其中最特别的一个。

早晨教具工作时间，孩子们在自己的工作毯上工作，申申像风一样刮过教室的每一个角落。他的眼睛很少与人对视，有时自言自语；他似乎无意结交朋友，总是和自己玩。有时他不见了，我们就找呀找，最后总会在园里楼后的草丛里找到他。

李莹老师弹钢琴，申申会站在旁边，盯着琴键，目不转睛。老师一离开琴凳，他就迫不及待地坐下来，手在琴键上试探着，几下之后，他便能弹出老师刚才弹过的简单的曲子。

外出上社会实践课，申申紧紧地拉着我的手，显得紧张又警觉。时不时地，他会用力捏一下我的手。好疼啊！我龇牙咧嘴地看着他，不知他为何会这样。

一天下午，申申家里的小保姆来接他，恰好我和李燕老师跟在他们身后，一起出了园门。我惊讶地发现，当他想挣脱小保姆时，小保姆会用力地捏他的手——看他侧过来的面孔上的表情，那一下一定很疼。那一瞬间，我好似又感觉到了疼。

申申的诸多“特别”，让我心生疑惑。我约他妈妈来园面谈，想了解他的成长经历。申申妈妈说，她在孕期时，经常将录音机放在肚皮上放音乐进行胎教，或许是这个原因，孩子对音乐很敏感；因为保姆觉得他不好带，所以家里换了一个又一个保姆；他在医院就医时，被医生诊断为“儿童感统失调”，在医院做感统训练，因为过于好动，曾被绑在椅子上进行训练……

我不知道申申妈妈是否讲了全部，也不知道这些是否就是申申特别的全部原因。听了申申妈妈的描述，我对申申十分心疼，但又不知怎样才能更好地帮助他，只是不由自主地，在每一天里，想要多关爱他一点。

因为申申好动，总也停不下来，所以我们班三个老师中有一位老师就会一直陪伴他。冬去春来，申申的状态渐渐有了一些变化。虽然他还是不和其他孩子一起玩，虽然他还是每天跑来跑去，但他会和老师互动，向老师表达他的需求；他已经懂得了一些规则，有时还会自己提醒自己遵守规则。

我与他的父母沟通，建议他们在家庭里能采用与幼儿园一致的方式，一对一去陪伴和照顾申申，在情感上与申申建立起连接，一旦申申能够放松下来，就能重新唤起他对他人、对环境的安心和信心。

在日后的工作中，我又陆续经历了几个与申申类似的孩子的调整过程。家长调整自己，花时间专注地陪伴孩子，学习如何了解孩子，加上幼儿园里爱和自由的环境，教师一对一的陪伴……孩子的生存环境有了这样的改善后，人的整个状态都产生了令人欣喜的变化。

耿耿不能安宁下来

耿耿在班里发生过许多不大寻常的小事。

首先是吃饭。每次吃饭，耿耿都要盛很多食物，吃的时候风卷残云一般，时常被自己噎住，有时还会吃得呕吐出来，最后总是偷偷将未吃完的食物倒入垃圾桶。我告诉他这样会浪费粮食，请他盛饭时盛与自己食量相当的食物，他答应了，但下一次盛饭时依然如故。

耿耿常与别的孩子发生矛盾，处理问题的方式是动手打人。班里的男孩、女孩，几乎都告过他的状。无论与别人发生多么小的摩擦，耿耿都会通过武力来解决。当我问他原因时，他的理由不外乎以下几种：他看我了、他说我了、他不小心碰我了、谁让他挤我了……我耐心告诉他可以用语言解决，如果解决不了可以请老师帮忙，他很不服气，下一次，也依然会用暴力解决问题。

平日里，耿耿很关注成人世界的事情。他曾经告诉我，谁谁很有钱，谁谁下岗了，等等。有一天，他跑到办公室质问王园长："我们家交那么多钱，你为什么不让我吃饱？"还有一天下午，我刚进大门，耿耿就跑过来告诉我："牛牛用脚把大门玻璃踢破了，我已经问过佟园长了，她说要扣你和王老师的工资。”我啼笑皆非。

耿耿的不同，在我看来，是他似乎不能在儿童的世界里安宁地让自己成长，这一定是有原因的。

一次，他妈妈来接他，对我提了一些意见：“老师，我们孩子食量大，你就让他多吃点儿。不然他每次回家都说没有吃饱，这怎么行呢？”

我向她解释：“我们不会限制孩子吃多少，实际情况是耿耿每餐饭都使劲儿多盛，但几乎每餐都要倒掉一部分饭。”

耿耿妈妈沉默了几秒钟，然后说：“倒饭是浪费粮食，这是坏习惯，我也不赞成，但必须让他吃饱啊，他每天回家以后还要吃那么多，显然是没吃饱啊！”

我尝试帮助耿耿妈妈理解这件事，对她说：“下午开饭的时间比较早，还不到五点钟，等他坐车回到家，你们吃晚饭时，已经过了两个多小时，孩子确实会饿。另外，成人往往有这样的经验，看到别人吃，自己就有了吃的欲望，孩子也是这样。”

耿耿妈妈对我的话表现出强烈的不以为然，她强调：“以后要让他吃饱，他最爱吃带馅儿的，让他多吃点儿！”

回头再回味这些对话的时候，才发现我们根本不在一个频道上沟通。耿耿妈妈对孩子要吃饱这件事近乎强迫性的关注，一定有她自己成长的经验在里面。她对我的强势态度，也一定是有原因的。

和耿耿妈妈交谈时，我请耿耿先到外面玩一会儿，但我不知道当他的家人谈论这些事时，是否也让他回避了，又是以一种什么样的心态和语言方式去谈论的。

每个孩子都来自不同的家庭。养育者的教育方式、对待生活的态度、在孩子面前讨论的话题，一举一动，都是儿童身处的成长环境，都在潜移默化地影响着孩子。在现实生活里吸收的这些真实的印象，会在孩子的身上、心里不断具体化、内化，最终成为孩子生命中的一部分。当孩子逐渐长大，家庭里的生活习惯和核心的价值观，就会在他们身上显现出来。

养育孩子的过程，是家庭文化、家长的意识状态在具体的生活中影响孩子的过程。身为父母，就是孩子的人文环境，我们应该有意识地去成长自己，有意识地打破我们自身的局限性，不要让曾经困扰我们的那些事件和体验透过我们的意识传递下去，再度困扰孩子。

这样，我们就能为孩子提供一个更友善、更安宁的成长空间了。

他要洗掉什么？

牛牛最近有点儿特别。

早晨来到幼儿园，他放下书包就冲进水房。我以为他要去小便或洗手，但是等孩子们准备吃早点时，站在我面前的牛牛，浑身上下——毛衣袖口、裤子——几乎全湿了。我以为他是因为玩水不知道挽袖子，就牵着他到水池边，给他示范正确的洗手方法，然后帮他换掉湿衣裤，把衣裤放在暖气上烤干。可是下午上完课，再见到他时，又是一身湿。我问他原因，他闭口不说，看起来是不想回应这个问题。接下来的几天，天天如此。

我有点儿困惑，但我又觉得他比刚来大班时放松了许多，玩水弄湿衣裤是否就是放松后的结果呢？

疑惑还没有得到解答，牛牛的行为却开始“变本加厉”。最初他只是洗手，后来逐渐发展为洗书包、洗文具、洗外套、洗围巾和帽子……每天我和徐老师都在忙着帮牛牛换衣裤、烤干衣裤。

一天早晨，牛牛的姥姥来送他，我留住她，把牛牛最近的特别表现告诉了她，然后询问她家里有没有发生什么特别的事情。牛牛姥姥说家里最近请了一位小保姆来帮忙做家务，姑娘一来，牛牛就说人家身上有味道，不愿接触。最近一段时间，只要是小保姆碰过的东西，牛牛都要亲自去洗干净。

原来如此！

下午快放学的时候，牛牛又将衣裤弄湿了。我把他带到卧室，一边帮他换上干净衣裤，将湿的搭在暖气片上，一边跟他聊天："牛牛，你最近为什么总是洗东西呀？"

"这是个秘密，我不能告诉你。"

"那老师猜一猜，你愿意听听吗？"

"嗯，你说吧！"

"第一，你是从其他幼儿园转来的，刚转来时，你有点儿紧张。现在，你放松了，玩水和洗东西是你放松的一种方式，对吗？"

我看着他，他一声不吭地盯着我。

我继续说："第二，你不喜欢家里的小姐姐动你的东西，所以只要是她碰过的，你都要洗干净，对吗？"

牛牛定定地盯着我，安静了一会儿，他突然大声地说："现在，让我来告诉你吧，我在这里一直都还没有真正放松过！"

当他这样喊的时候，我心生欢喜，我知道，至少此刻他是放松的。

晚上教师开会学习，我向我的老师求教，她说："可能是小保姆身上的味道孩子不喜欢，也可能是她弄什么东西被孩子看到了，让孩子感觉到不干净。”

几天后，牛牛家的小保姆走了。之后的那天，牛牛很平静，只在饭前便后洗洗他的手。第二天、第三天……牛牛都平静地度过了。

我细细思量这件事的前前后后，得到一个自己的看法：孩子们每一天都在与周围的人发生关联，他们的各种行为背后一定都是有原因的。如果要让孩子放松地成长，我们就要信任他，这样他就会用自己的方式告诉你他的需要。当我们去倾听他、支持他，孩子的成长就不是无助的。

牛牛留在我们的校园一直到小学毕业。那时的牛牛，桀骜不驯之余，还颇能审时度势。2016年的夏天，他高三毕业，和一群同学回母校来看老师。戴着一副金丝眼镜的牛牛，看起来多了几分斯文，但那个霸气的坐姿还是透出儿时的模样。我们围坐在一起，聊了聊选择的大学专业，我突然想起他小学时的一段经历。

我问牛牛：“我还记得你小学时的一件事。可以在这儿问问你吗？”

牛牛好似知道我要问什么，会心一笑：“你问吧。”

我说：“你还一直喜欢她吗？”

他笑着说：“出了小学校门才知道，原来外面有一片又一片的森林，我就不总盯着那棵树了。”

我们都笑了，那位女生也笑了。

祝福你，牛牛！

孩子的沉默在“说”什么？

昭昭升到大班了。刚到大班，很多孩子都显得很兴奋，因为虽然还是在幼儿园里，但教室换了，环境也变了，男孩女孩们都叽叽喳喳的。

昭昭却始终一声不响。我和他说话，他不吭声，也不回应，神情严肃。我有点儿好奇：他为什么沉默？是因为换了班级和老师，有些紧张吗？还是另有原因？

我去找昭昭幼儿班的老师，想问问她昭昭的情况。老师说：“昭昭的确不爱说话，你需要和他多主动交流。”我决定尝试一下。

昭昭从我身边经过，我顺势牵起他的手，看着他：“昭昭，你愿意和老师说说话吗？”昭昭还是不吭声，甩开手，出去了。注视着他的背影，我有些尴尬。

平日里昭昭坐校车，难得见到家长，这天昭昭的爸爸来园接他，我向昭昭爸爸询问孩子在家的情况。他爸爸说：“这孩子就是不爱说话，在家里也一声不吭，但他有时会自言自语，不知在说些什么。老师，你们大班都上什么课，昭昭能跟得上吗？”

昭昭爸爸对于“孩子沉默”这个话题无暇停留，他更关心昭昭的学习。

昭昭生病了，他靠在陈老师身上，看上去很虚弱，陈老师一直抱着他。因为身体不舒服，他身上的紧绷似乎松动了一些。

上语言课，孩子们都踊跃举手读汉语拼音，唯独昭昭不愿意参与。我鼓励他：“读错了也没关系。”但他依然不参与。上数学活动课，触摸数字砂纸卡，昭昭认真地触摸了两遍，但只要到站起来发言的环节，昭昭就不再参与。任何课程都是这样。

数学活动课结束，昭昭走过来，看我整理作业纸。这是他第一次主动走向我，好机会！我注视着他：“昭昭，你喜欢安静，是吗？”昭昭不出声地笑笑，他没走开，一直看着我整理作业纸。

语言课，我请举手的孩子领读拼音，大家积极参与。我看到了昭昭眼里的企盼，略微迟疑了一下，我请他起来领读。昭昭羞涩地站起来，认真地领读了一遍。这是昭昭破天荒第一次，我很欣喜，他正一点一点敞开自己。

在这一年里，我好几次与昭昭爸爸沟通，也看到他和昭昭的相处。这位父亲有慈爱的一面，但更多时候流露出的是对孩子的诸多要求。昭昭和爸爸在一起时，会害怕自己出错，有一些紧张。

父母对孩子有要求是很正常的，但是如果在一种关系中，孩子能感受到的就是自己被要求，甚至被挑剔，他一定无法做真实的自己，因为他害怕自己不是那个标准答案。就像昭昭的沉默，沉默不是他自己，而是他的防御，因为沉默就不会出错。沉默也是他对外界的提醒——他需要无条件的爱。

长久处于紧张的关系中，孩子会越来越没有自信，也会越来越沉默。这种回应方式不仅仅成为孩子的防御模式，还会逐渐变成穿在身上无法卸下的盔甲，成为人们口中那个“沉默的人”。

父母要去觉察，自己对孩子的要求是否让孩子感受到了压迫、无力和“我不够好”。当你发现你的孩子沉默了，无声地流泪了，身体蜷缩了，请你一定先放下你的那些要求，停下来，关照你的孩子，关照他的情绪，拥抱他，让他感受到爱是无条件、无要求的。

玩具的主人到底是谁

好好带来了一把玩具宝刀，玩了一会儿，就把它送给了阳阳。

快放学的时候，好好来找老师，说：“如果不把宝刀带回家，妈妈会骂我，姐姐也会骂我。”

王老师告诉好好：“送给别人的东西就是别人的了。”

但好好又重复了刚才的话，让王老师帮他解决这个问题。

王老师牵着好好的手，找到阳阳。结果，无论好好和王老师说什么，阳阳自始至终就一句话：“送给别人的东西不可以要回去，不可以反悔。”

好好流着眼泪站在阳阳旁边，而阳阳则生气地手握宝刀，坐在椅子上。

王老师无奈地注视着他俩，转过身来向我流露出求助的眼神。

我坐到两个孩子中间，先对阳阳说：“好好已经把玩具送给你了，现在他想反悔，你很生气。”

阳阳气呼呼的，没有回应我。

我继续说："这个玩具虽然是好好的，但现在看来，能为玩具做主的是好好的妈妈，好好只能玩玩具，但不是玩具的主人。所以，你是否愿意选择把玩具还给好好，然后请好好向你道歉？"

阳阳一声不吭，紧紧地抱着那把宝刀。看到好好已经泪流满面，我又对着阳阳重复了刚才的话。

阳阳执拗地坚持："他已经送给我了，不可以反悔。"

事已至此，我能做的就是陪伴哭泣的好好，并向好好保证，我会帮助他去跟姐姐解释这件事情。

姐姐来接好好了，我带着好好，向她详细说明了今天送玩具的事情。她有些无奈，我感觉她也无法为此事做主。

第二天，好好来了幼儿园，看上去好像一切正常了。

但这件事留在了我的日记中，也留在了我的心里。多年后回看这个事件，阳阳得到了好好送的玩具，他遵守约定的态度很坚决，他并没有说错和做错什么。不能遵守约定的好好因为哭泣得到了更多的关注。我和王老师对待好好的态度，其实包含着许多的担心：如果玩具的主人是好好的妈妈，如果他妈妈来找阳阳要回玩具，这就变成一件更为复杂的事情了。

而这样类似的事情，在幼儿园里时有发生。和好好一样，有些孩子不能为自己的玩具做主，是因为家长对于孩子送玩具给他人的观念还停留在物品本身和其价值上，并未意识到“我的玩具我做主”这其中蕴含的教育意义——

我是我自己的主人；

我可以支配我的物品；

我可以遵守承诺；

我能够为自己负责。

对于孩子来说，只有真正享受到了“我是我的物品的主人”“我可以自由地支配我的物品”时，才能体验到如何去管理自己的物品，为自己的物品负责；这其中孩子会借由物品与他人发生关系，在这些关系中，他们又会体验到遵守约定、履行承诺、为自己的决定负责和保护自己的界限。这是物权带给儿童生命成长的最重要的意义所在。

这个历程，幼小的孩子必须获得家长的理解和支持才有机会去经历。家长也可以借助这样的机会，重新去发现自己——我是否能为自己的物品、自己的选择、自己的约定、自己的生命负起责任来。

她重复问同一个问题

女儿同班有个女孩叫小雪。

自从知道我是范嘉欣的妈妈，小雪一见到我，就会大声问："你是谁的妈妈？"

我总是认真回答她的问题："我是范嘉欣的妈妈。"

在学校里，我们几乎天天都会相遇，大厅、过道、院子……每当她看到我，就会重复问这同一个问题。而我呢，也会一遍一遍地认真回答她。

春去夏来，日子一天天过去。有一天，我再次遇到小雪，抢先提了她的问题："你是谁的妈妈？"

小雪欢喜地大笑，回答说："我是范嘉欣的妈妈。"

我们都很开心。

小雪三岁，她这几个月的重复提问，当然不是出于好奇。我将这理解为她在进行实物与概念的配对，实物就是我这个人，概念就是"范嘉欣的妈妈"。而我认真的回应鼓励了她，环境里的这份支持促使她不断地、重复地自我练习，直至将这个概念内化。

成人常常主观地去判断孩子行为背后的意义。当我们认为这个活动重要，我们可能就会去配合；当我们认为这个活动无意义或者无聊时，往往会忽视甚至无视，感到不耐烦。

但真相是，当儿童情感满足时，建构自己是他们唯一的成长目标，他们每时每刻都在寻找机会发展自己，这个发展是必然的。

成人作为儿童重要的互动环境，要时刻提醒自己：不要因为孩子活动的重复性和简单性，就妄断为无聊，无视其意义。我们应该清晰地知道，儿童的重复必定蕴含着某个智力目标。

所以，我们需要在那些看似不起眼的互动中投入自己的专注和热情。往往在你投入其中时，才能真正走进儿童的世界，发现他们，了解他们，体会到与他们在一起的快乐。

遵守规则的“两岁半”

有一位“小精灵”常来光顾教师办公室，她就是米拉。

米拉一阵风似的跑进办公室，然后又跑出去，关上门，认真地敲门，询问：“我可以进来吗？”得到肯定的答复后，再进来。

早晨，她坐在琴凳上，煞有介事地弹起来，边弹边说：“小小钢琴家。”我站在旁边偷偷地笑，她转过身来，拍拍琴凳，说：“请你坐在我旁边。”然后继续弹。

学校里有一条规则：不经过别人允许，不可以拿别人的东西。只告诉了她一次，她就记住了。每当她拿起一个东西，都会认真地问：“老师，我可以看看这个吗？”得到同意后，她才会拿着玩。

蒙特梭利说：“秩序是生命的一种需要，满足了就会产生快乐。”两岁半的米拉恰好处在秩序的敏感期，她遵守规则的日常满足了她对秩序的需要。

我常想，如果在孩子很小的时候，为他们提供的环境就是一个有规则意识的环境，有序而文明，身处环境中的人都能有意识地遵守规则，孩子耳濡目染，规则就会成为他们生命中的一种秩序。

幼儿的语言

宝宝两岁半，周五下午等爸爸来接他。等得久了，宝宝问老师："老师，爸爸什么时候来接我？"

老师说："爸爸一会儿就来。宝宝是不是有些着急了？"

宝宝"嗯"了一声，然后继续说："爸爸……"他停下来想了想，问："爸爸几会儿才来？"

两岁八个月的千千，坐在小马桶上拉屉屉。老师看见她使劲儿的样子，问："千千，屉屉是不是有点儿干？"

千千干脆地回答："不干！"

老师说："我看你的表情，像是有点儿干。"

千千不满意，说："我的表情又不是臭屉屉。"

老师坐在前院，三岁的宽宽从大厅风一般跑了出来。看着宽宽，老师心里喜欢得紧，于是呼唤他："宽宽，你过来一下。"

宽宽听到呼唤，停下脚步，原地不动。想了一会儿，他回应道：“现在不行，我有忙呢！”然后又风一般“刮”到后院去了。

这些孩子的语言能力都已经很强了，他们不仅能很好地理解简单的语言，而且能清晰地表达自己，当他们遇到不曾使用过的语言时，还会根据自身已有的词汇去创造出新的语句，这些语句虽然不符合我们日常表达的语法，但听到的人却都能明白。

当语言发展到一定程度后，就能帮助孩子和周围人产生一种积极的互动，使他们更容易得到帮助，满足需求、实现愿望。

语言发展稍慢的孩子，当他们不能用语言去表达自己的需求时，往往会透过一些肢体行为或情绪来表达。这时就需要陪伴孩子的成人留心观察，有意识地倾听他们，再尝试缓慢而清晰地用准确的语言去配对孩子的情绪、感受和需求。比如，可以对孩子说：“你现在看起来很生气，是因为这个积木没有搭好吗？老师陪着你。”

成人在儿童语言发展期要格外注意的，一是为孩子建立准确的概念，不要夸张和故意儿语化一些事物，比如，苹果就是苹果，不要说“果果”；二是成人与孩子沟通时，语言要尽量清晰、简洁，语速缓慢一些；三是为孩子阅读经典故事或者绘本，这是儿童语言学习的重要途径。

孩子的表达方式多种多样，成人不仅要协助孩子的语言发展，更要学习如何去理解孩子不同的表达方式。这是一个很有价值的挑战。

孩子的爱很简单

琛琛在大厅哭，我带她到办公室，帮她擦了鼻涕，听她伤心的原因。原来她的好朋友用语言伤害了她。待她倾诉完，我给她分享了两块奥利奥，她愉快地离开了。

另一天，琛琛在大厅的情绪区哭泣，我走过去帮她穿好鞋子，询问她发生了什么。这次是一个男孩用语言威胁她，我陪她去找到那个男孩解决了问题。事后，我给她分享了一块糖，又给她读了两个故事，她的情绪慢慢愉悦起来。

那天吃晚餐的时间，我牵着她的手，把她送到二楼餐厅门口，说：“你自己到班里洗手，好吗？”她点点头向班里跑去，突然又停了下来，回头甜甜地向我微笑，伸出手给了我一个飞吻。

今天，我在大厅里的钢琴上敲着琴键，尝试着弹奏出曲子。琴声吸引过来几个幼儿班的孩子——专注观察的成成，带着一点儿欣赏眼光的涵涵，还有亲密地依偎到我身旁的琛琛。

我常常觉得，教师这个工作让我收获了一份无价的礼物——你对孩子一点点的看见和理解，都会得到他们简单、纯然的爱。

他需要帮助吗？

成成敲门进来，脱掉鞋，坐在沙发上，一言不发。

我观察了一会儿，觉得应该给他找些事情做，于是问他，愿不愿意听故事。他同意了。

办公室里没有小朋友的书，只有一年级的教材和《新语文读本》。我挑了几篇自己觉得简单又有趣的读给他听，但他总会问："在哪儿呢？在哪儿呢？"一边说着，一边来翻书。渐渐地，他有点儿心不在焉了。

回头看这篇手记的时候，我忍不住笑了出来，仿佛眼睁睁看着一位老师打扰着一个孩子。我们成人时常耐不住这种安静，看到孩子安静地待一会儿就有一种迫切的愿望——给他找些事做。一旦我们要为孩子找事做的愿望升腾起来，我们的意志就站到了孩子的前面，看似温和的邀请已经打扰了孩子那时那刻的安静。

儿童是有一种需求的，这种需求就是安静地独处。成人也有这种需求，但为什么会忽略儿童的需求？这可能就是成人在儿童面前的自大。

这样的例子还有很多。有一天下午，加餐的时间结束了，我到餐厅巡视，看到空荡荡的餐厅里只有丁丁一个孩子站在窗台前，从背影看，他正在专心地用一把大勺子从一口深深的汤锅里舀东西。

我走近看，锅里只剩下浅浅一层汤，所以孩子舀的每一勺都只有一点点。可是他就那样专注地一勺一勺舀着。

我看了一会儿，就有些着急了。如果把锅倾斜，让汤聚到一起再舀，这样会很容易舀满一碗汤。

那一刻，“有一个更好的办法可以帮到这个孩子”的念头占据了我的脑海。于是我走上前，对丁丁说：“你需要帮助吗？”

正专心舀汤的丁丁被突如其来的一问吓了一跳，转过头，看着我，愤怒地大声说：“我不需要你的帮助！”

我也被吓了一跳，同时被吓着的，还有我的那个念头。

是的，我打扰了他。是的，他很愤怒，因为我打扰了他。

儿童独处的时刻是儿童自我创造历程的一部分，这样的时刻具有极大的偶然性，弥足珍贵。如果一个独处的儿童时常被打扰，不仅会慢慢丧失独处的能力，更重要的是他的自我建构和创造力也会遭到“腰斩”。

如何在儿童身边做一个安静的观察者、支持者，是我们的大功课。

校园里的漫游

孩子们喜欢在校园的每个角落漫游。

我在一年级听英语课，突然发现窗户外有两个小脑袋。仔细一看，原来是幼儿班的圆圆和闹闹。她们神情专注，观察着教室里的小学生——他们正在用英语配合动作说出身体各部位的名称。圆圆和闹闹显得很愉悦，不时地相互对视微笑。看了一会儿，她们离开了。

小学部的孩子在后院做早操，阿布和小鱼儿在松树下，安静地看着小学生做广播体操，一天又一天，我也不知道他们都看到了什么。

周五下午社会实践课，小学部在院子里进行化装舞会的展示，孩子们穿着风格各异的服装，戴着五花八门的面具，依次走到二楼平台进行展示。幼儿部的孩子挤在人群里，睁大了双眼观看，那眼神里有惊奇、羡慕、欣赏、崇拜……

在儿童成长的过程中，被崇拜是他们的一种需求，即使他们自己仍蹒跚着脚步，但只要看到比自己更小的孩子，他们总会尝试着去做小小孩的哥哥、姐姐，满足自己被崇拜的需求。同时，他们逐渐建立起照顾他人的社会情感。

模仿是儿童自我发展的途径，他们永远都在模仿比自己年长的人，总想变成自己所憧憬的更强、更有力量的样子。当小小孩在学校里模仿大孩子、参与大孩子的活动时，不仅满足了他模仿的需求，还让他逐步建立起与他人的关系。

与此同时，孩子总会找到合适的玩伴，不同班级的孩子可以一起玩，小孩子和大孩子也可以一起玩。这种友谊的建立不仅满足了孩子交友的需要，还发展了他们人际交往的能力。

校园里类似的场景还有很多。一旦外部环境丰富、有序，你就会看到孩子在校园中漫游。他们使用自己的腿、脚和所有的感官去漫游，在校园各个角落里探索。这种探索活动满足了他们被崇拜、模仿、人际交往等自发的情感和智力的发展需求。

这一切发生的关键在于，儿童享有自由。

把紫槐花装进瓶子

我在学校院子里看孩子们放学的情况，后院还有一些幼儿班的小朋友在沙池里玩。

院子的最南边有两个小背影，在花池边蹲着。走近一看，原来是小鱼儿和晶晶。晶晶手里拿着一个小小的瓶子，两个人把在花池里捡到的紫槐花放入瓶子。

出于安全的考虑，我试图引导他们到沙池附近的花池去捡槐花。但他们告诉我这里的槐花最多，一点儿没有离开的意思。于是，我就站在他们附近。

绿油油的花池里，紫色是很好找到的，但掉在其间的槐花数量有限，所以装在瓶子里的槐花也不多。他们一直在找，找到一朵装起来，继续找……重复的动作、简单的活动，他们那么安静、那么专注、那么浑然忘我……

教室或是户外，都可供孩子们发展；教具或是沙子，都可以帮助孩子建构专注的工作品质。一旦观察到儿童专注于某项活动，我们能做的最好的事情就是安静。

消失的哭声

“爱和自由”宁夏教育之旅的队伍来了。

我接到一个两岁的女孩子。她哭得很厉害，手指着大门，嘴里喊着：“找妈妈，找妈妈……”

我抱她到大门口，告诉她：“妈妈去听课了。”

她继续痛哭，持续了有半个小时左右。

我并不急着想要她停止哭泣，只是感受着她的情绪，一边抚摸着她的后背，一边说：“我知道妈妈走了，你很难过，你想哭就哭一会儿吧！”

我抱着她，听着她的哭声，陪伴着她的悲伤。我已经很久没有带过这么难过的小孩子了。渐渐地，她的哭声没那么大了。哭累了，她趴在我的肩上，指引我站在后院的最西头——也许那个地方让她觉得最安全吧！

十点刚过，简老师笑眯眯地向我走来，说这个孩子是分到她班上的，她已经把其他孩子安顿好了，现在她可以专门抽出时间来带这个小宝贝了。当她张开双手时，孩子看了看她，顺从地被她接了过去。

我甩了甩胳膊，酸痛酸痛的，内心却很安然。

苏霍姆林斯基说："儿童的心灵是敏感的，它是为着接受一切好的东西而敞开的。"

哭泣的能力

哭是一种能力。

靓靓要喝温水，可保温桶里的水已经凉凉了，厨房又锁着门。于是，靓靓大哭起来。哭着、哭着，手中的零食撒了一地，她继续伤心地哭。老师用纸巾给她擦眼泪，被她拒绝了，她一定要用自己的小毛巾擦，可是打开小书包，她发现自己的小毛巾没带来，于是，哭得越发厉害了。

萱萱来到学校时在哭，见到党老师时哭得更加伤心了。党老师询问后知道她想穿凉鞋，可妈妈说天气太凉不让她穿。老师告诉萱萱，大厅和教室比较暖，可以帮她换上凉鞋；如果到户外去，就需要穿上布鞋。萱萱停止了哭泣，愉快地换上了凉鞋。中午，餐前洗手，萱萱站在盥洗室门口，不肯进盥洗室，因为盥洗室的地面上有水。萱萱又开始哭。

学校大厅，一位老师给月月和陶陶每人分享了一个棒棒糖，两人高兴地吃着。突然，月月的棒棒糖掉在地上，摔掉了一块，月月放声大哭，边哭边跺脚。妈妈说：“我给你冲洗干净，它虽然破了，但还是和刚才没摔之前一样甜。”月月对妈妈的解释毫不理会，继续大哭：“我才不要破烂的棒棒糖……”场面一发不可收拾。

公园里，孩子们在做游戏，游戏的内容是“沉睡的守财奴”。守财奴看护的宝物是巧克力和棒棒糖。第一轮游戏结束时，宝物被一个盗宝的小朋友得到了，丁丁大哭起来：“我也想要！”爸爸皱着眉头对他说：“别哭了！安静！烦死了！”丁丁更加伤心地放声大哭。

两岁多的靓靓正处在秩序的敏感期，喝温水、用自己的小毛巾都是她秩序的一部分。当这些需求不能得到满足时，她用哭来表达自己被打乱秩序的感觉，用哭来缓冲接纳眼前的现实。

萱萱正处在审美的敏感期，穿上喜欢的凉鞋让她觉得自己更漂亮。当妈妈拒绝给她穿凉鞋时，她很伤心；党老师了解她的心思，满足了她的需求，于是喜悦回来了。中午洗手时，水池下的积水让她担心会弄湿漂亮的新凉鞋，所以，她又哭起来。

月月正处在要求所有事物都要完美的年龄，摔破的棒棒糖无论怎样香甜，在外观上都是不完美的了，所以他大哭。

丁丁没有成为获胜者，用哭泣宣泄着心中的挫败感。这时的他，需要爸爸陪伴他去梳理内心的情绪，还需要一些鼓励，但他收到的却是爸爸不耐烦的呵斥，于是他继续大哭，用哭去排解自己和爸爸施加过来的情绪。

哭是一种能力。哭过之后，有的孩子会破涕为笑，有的孩子会平静下来，有的孩子会显得疲惫，但他们都会因为哭而释放掉内在的紧张、压力、不满或者恐惧。

哭泣不是无缘无故的，一定是孩子的内在发生了什么。我们得允许孩子哭泣，只有孩子哭出来了，情绪流淌出来了，我们才有机会去探究孩子的内在到底发生了什么。

孩子哭泣，他们需要的不是被阻止，不是逗笑，也不是成人因为对哭泣的无措而向孩子做出的妥协。他们更需要得到倾听，让自己内在的感受和需求被理解和看见。成人可以做的是愿意留在他们身边，帮助他们说出内心感受，适时地给予拥抱和鼓励。

在童年期，孩子的哭泣若总能被倾听，随着他们逐渐长大，面对挫折和困难时，他们会拥有更多的韧性和自信。

许多成人已经丧失了哭泣的能力，丧失了同理他人感受的能力，也因此成为孩子情绪成长的制约。

再等等，等情绪调整好

我经过秋千时，突然听到一阵争吵声，是远处沙池里的两个小朋友吵起来了。

沙池的南北两头各有一位男士。我一边关注着，一边继续向前走，等走到大滑梯时，两个小朋友已经从争吵发展为扭打在一起。我急忙停下自行车，一溜小跑到了他们跟前，一位男士已经将他俩分开，原来是早早和朋朋。

我拉起他俩的手，告诉他们先平静下来，然后再来解决问题。

我带着他们在后院的长凳上坐下，我坐中间，朋朋在左，早早在右。两个孩子的脸上都有泪水，我拿出面巾纸，分别给他们擦了眼泪，朋朋的白眼仁都憋红了。

我说："咱们先在这儿坐一会儿，别急着说，调整一下情绪，等会儿再说……"

话音未落，早早就委屈地说："我只是回头看了一眼，我没用手指他。"

朋朋生气地打断了他：“你指我了，就是指了。”

早早又哭了：“我真的没指他……”

这个时候再让他们叙述事情的原委，他们只会越来越深地陷在情绪里。我一边整理自己的思路，一边安慰他俩：“老师相信你们说的话，再等等，等会儿再说。”

渐渐地，他们的情绪不再那么激烈了。早早又说：“老师，我没指他。”

朋朋说：“他刚才就是指了，但他忘了。”

我对早早说：“老师相信你。”

我又对朋朋说：“老师也相信你。”

看到他们情绪好了很多，我让他俩站起来，把两只手相互拉在一起。

早早奇怪地问我：“老师，拉手干什么？”

我说：“你们现在用眼睛看着对方，告诉我，你们还想不想做朋友？”他俩点点头。

我继续说：“好朋友在一起要彼此宽容，你们同意吗？”他俩又点点头。

我接着说：“当你们的手拉在一起时，就表明你们愿意继续做好朋友，是吗？”

说到这儿，早早立刻主动对朋朋说："对不起！"

朋朋的眼圈红了，回应说："原谅了。"

然后朋朋接着也说："对不起！"

早早笑了："原谅了！"

早早向沙池跑去，我拉着朋朋的手，告诉他，因为生气，他的白眼仁有点儿红。以后如果情绪特别激动时，先停下来，别继续和对方争吵，这样就不会让身体受到伤害。

他似懂非懂地点点头，然后向沙池走去。

男孩们发生问题时，情绪总是快于语言，他们发生冲突和矛盾的频率也高。解决他们的问题，需要给他们一些时间去调整情绪，等情绪过去，再帮助他们梳理，孩子的理性和智慧也会回来。

回头再去看这个事件，"指"对两个孩子意味着什么？

根据我对早早的了解，他确实有爱指着别人的这个动作习惯，只是这个"指"是一个无意识的动作，但它还是携带着一种情绪的能量，这种能量容易让人感觉不舒服。

我想，需要找个机会和早早再去沟通一次，帮助他看到自己这个无意识的动作。否则，随着年龄的增长，能量的强大，这个动作会为他带来更多的冲突和麻烦。

分享的喜悦

五岁的一航敲门进来。

他手里拿着一个玻璃罐，里面有很多杨梅干。他把玻璃罐放在伟伟老师的桌子上，然后开始独自享用起来。

过了一会儿，他走到我跟前，手心里放着一个杨梅干，对我说："给你的！"

我高兴地对他说："哦，谢谢，这是我爱吃的。"

他看着我，微笑着说："不用客气。"

看着我吃完，一航问我："你还想吃吗？"

我笑着说："想吃！"

他笑着，往我的办公桌上放了两个杨梅干，然后用手指着杨梅干开始点数："一个，两个。"

就这样，我每次一吃完，他就会往桌子上放杨梅干，每一次都会比上一次多一个，每一次他都会再点一次数……我们愉快地吃着，惬意地数着，直到玻璃罐空了。

分享总会带来滋养，一航正处在对社会性交往很敏感的阶段，他在分享中散发着喜悦，在喜悦的情绪里，自发地进行着有智力目标的活动。

这真是一个美妙的早晨。

拒绝不代表关系结束

我早晨分享了一颗糖给阿正。下午阿正来到办公室，让我再给他分享一颗糖。考虑到他妈妈叮嘱过的牙齿健康问题，我拒绝了他。

他立刻气愤地对我说：“小气鬼，以后我再也不来找你玩了！”被人拒绝而产生的情绪能量真的很大。

我看着他，稍稍等待了一会儿，说：“阿正，老师可以选择分享给你糖，也可以选择不分享。所以，你得学会接纳我的拒绝。”

他不说话，气哼哼地看着我。我继续说：“我知道你很生气，但我还是选择不分享。”

空气似乎凝固了，阿正需要一些时间来消化这个拒绝和他自己的情绪。他离开我的办公桌，走到沙发前坐下来，眼睛一直瞪着我。

我平静地注视着他。过了好一会儿，我对他说：“阿正，虽然老师拒绝了你，但老师依然爱你！”

他的眼神柔和下来。

停顿了一会儿，我继续说：“我还需要和你解决另一个问题。

你刚才说我是小气鬼，还说再也不来找我玩了。这些话语让我不舒服。”

坐在沙发上的阿正面无表情地对着我，说：“对不起。”

我走过去，拉着阿正的双手，看着他的眼睛：“老师需要一个真诚的道歉。”

阿正看着我，缓慢地说：“对——不——起——”

我立刻回应他：“原谅了！”

又过了一会儿，阿正站起来，走到我面前：“你帮我折一架飞机吧！”

我说：“好的！”

拒绝不代表关系的结束。学会接纳别人的拒绝，阿正需要多几次这样的体验。

孩子的安全距离

“小红帽”班郭老师在站起身时不小心扭了腰，到医务室检查后，校医建议她去一趟医院。

校医和一位老师搀扶着郭老师走出校门，上了校车。我突然在人群中看到了西西，她小小的身体紧绷着，眼眶里盈满了泪水。

我蹲下身去问她：“老师受伤，你很害怕是吗？”

她带着哭腔说：“老师！”

我忽然想起西西是新生，并且一直是由受伤的郭老师带的。老师的突然离开让她产生了担心和害怕。

我说：“老师受伤了，去医院检查一下就会回来。你有些担心，是吗？”

她明白了我的话，继续站在原地。

我又说：“我们一起坐在那边的长条凳上等老师，好吗？”

她哽咽着说：“站着等！”

我说："好的。"

西西对我有些戒备，于是我离开她一段距离，给她一些空间，但悄悄地关注着她的情绪。

过了一会儿，她似乎安定下来了，我再次走近她，指着靠墙的长条凳说："你可以坐在那儿等。"

她小心翼翼地看着我说："自己坐。"

我说："好的。"

她走到长条凳边，我说："我把你抱上去，你就坐在这儿自己等。"她应允了。

坐在长条凳上的西西依然紧盯着大门，我继续帮她确定一个信息："老师一会儿就会回来的。"

她的不安在慢慢消退。看到墙上的蜘蛛，她问我："蜘蛛要爬到哪里去？"我们简单地交流起来，她对我的戒备开始渐渐降低了。

晚餐的时间到了，西西从长条凳上下来，独自走向了班里。

西西来园不足一个月，在这段时间里，郭老师一直带着她，她的安全感都建立在了郭老师身上。郭老师腰扭伤时，身体非常疼痛，所有人的注意力都放在了郭老师身上，忽略了西西的感受——她最信赖的郭老师坐上校车走了，她不知道老师要去哪里，会去多久，她担心与害怕的情绪没能用语言表达出来，那份情绪把她包围了。

当我看见她、想陪伴她时，她还没准备好接纳我。她一边继续担忧老师和自己，一边还戒备着我。我尊重她那一刻对距离的需要，但同时依然保持着对她的关照，尝试把事件用她能理解的语言讲述清楚，反复向她确定接下来会发生什么。她的情绪慢慢化解了，戒备也逐渐松动下来。

当我们想要帮助一个孩子时，先要去观察，不要让你的热心打破孩子的安全距离。如果你忽略孩子的那份防御，执意靠近对方去解决问题，可能会在帮到对方之前就给他造成新的困扰。

他忍住了哭

幼儿园每年都有一个新年嘉年华。每个孩子都会站在大大的舞台上去展示自己，而所有的节目最精彩的就是那份真。

一个孩子上台了，当舞台上的灯光打亮的时候，他看着舞台下的人群，有些紧张。然后，他把身体转过去，背对观众，整整一首曲子结束，他再也没有转过来。

另一个孩子，一上舞台，就被后面的背景LED屏吸引了，站在那里一直专注地盯着变化的背景。演出结束了，老师召唤他，他才不舍地跟着同学离开了舞台。

有一个孩子，情绪不好，被妈妈送上舞台。妈妈站在舞台的侧面，孩子就站在舞台上对着妈妈，哭完了一个节目。

还有一个孩子，跳着舞，手腕上的小花环开了，她从跳舞的队伍里出来，欢乐地跳到舞台最前端，将手伸向一位陌生的观众。那位观众默契地上前帮她系好花环，她又欢快地跳回了队伍里。

这次嘉年华又开始了。

一对转圈的小舞伴突然摔倒了，女孩先躺倒在地上，接着男孩摔在女孩身上，头着了地。女孩没有摔疼，一下子就爬了起来，坦然地继续跳着。但男孩一定是摔疼了，因为他摸着自己的头，嘴开始一下一下向下撇，好像要哭，但并没有哭出来。

男孩也迅速站了起来，继续舞蹈。他不时摸一下头，嘴角也随之撇一下，眉毛跟着蹙在一起，脸上的表情一直在哭与不哭间变化。与此同时，他还在关注着女孩伸出的手，一个一个动作地去认真完成。

也许是疼，也许是有一份委屈，还有一些尴尬，接着还有一份信念，那一刻，他似乎在经历着一个复杂的心理过程。

但很快，那种哭的感觉被压抑了下去，他终于还是没有哭。这个孩子叫东东，我站在舞台侧面看着这个只有三岁十个月大的孩子，满是心疼。

舞蹈结束了，我快速上前迎他："东东，你的头摔疼了吗？"

他一边摸头，一边潇洒地向我挥了一下手："没事的。"然后向前走去。

这是一场情绪和信念的交战，最终，"不能哭"的信念战胜了"想哭"的情绪。

在许许多多养育男孩的信念里，有一条叫作"男儿有泪不轻弹"，因为这种信念，当孩子哭泣的时候，成人不放弃任何机会给孩子暗示或者灌输这个信念。所以孩子的情绪总是被打断和卡住，无法用哭的方式正常地流淌出来，只能将情绪快速吞咽下去，忽略过去，不让它冒出来，更谈不上真正去关照和善待自己的这份情绪。

成人喜欢这样的孩子，认为孩子不懦弱、强大、有男儿气概。一个家庭中如果有这样的信念，而孩子总是被这种信念支配着，时间久了，孩子就放弃了自己的需要，这个模式就内化在孩子的生命里，许多人就是这样失去了和情绪连接的能力。

随时响起的音乐之声

大厅响起了钢琴声。一个五岁左右的女孩端坐在琴凳上，用手指弹着琴键，但她的前方正对着的，是一本童书。

我被吸引了，在她旁边坐了下来。她欢乐地问我：“你会弹吗？”

我笑了笑，用右手弹了《花非花》《小红帽》和《七子之歌》，几乎用尽我的平生所学。

一个六岁左右的男孩走来，我立刻站到一旁，他果断地坐下，娴熟地弹起来。琴声流畅、动听，我和女孩愉悦地对视好几次，无声地在欣赏中共鸣着。

一曲终了，我想邀请男孩再弹一曲，于是问他：“你会弹《致爱丽丝》吗？”

男孩笃定地看着我，说：“我一般不弹那些简单的，我弹的都是高难度的。”我顿觉可爱，还心生佩服。

女孩问：“你在学钢琴吗？”

男孩骄傲地回答：“我从零岁就开始学了。”

接着，他又弹了起来，琴声悠扬，我和小女孩对视的眼中满是崇拜！

我们的幼儿园，在公共区域的不同位置都摆放着钢琴，孩子们可以跟随自己的兴趣或是因为好奇，去打开它、使用它、探索它。

许多人来幼儿园参观时，都好奇地问：“你们就把钢琴放在这里让孩子随便玩吗？”

我想回答的是：“音乐之声不就该是这样，可以在生活里、生命里随时响起来吗？”

爱上老师的孩子们

北京的秋天，凉爽舒适，院子里的柿子树结满金黄的柿子，就像一个个小灯笼。

二楼平台上有个熟悉的身影。等我走到楼梯口时，那个身影已经下来站在楼梯半中央，伸出了手：“段老师，我来接你了！”这是一个四岁多的男孩，叫越越。

这段时间，他每天早晨都会提前来园，站在高高的二楼平台，远远地望着大门，等着我，一看见我，就下到楼梯来接。他的手热乎乎的，温暖备至。

越越拉着我的手向班里走，柔声对我说：“老师，你等着我长大，好吗？”

我微笑着，心里一片温柔：“好的，我等着你长大！”

放学时，越越的姥姥来接他，看他还在玩，姥姥过来跟我聊：“段老师，你知道吗？我们越越可喜欢你了。你每天下班时，他会一直站在路上，看着你的背影，直到看不见了才回家。”

我知道越越喜欢我，却不知道他看着我的背影离开。感受到越越的喜欢，我很开心。在幼儿园里，许多孩子都会对老师有这样深情的表达。

下午户外活动时，五岁的卓卓跑过来对尚老师说，等他长大了，要开着兰博基尼来接尚老师。尚老师喜悦地亲吻了卓卓的面颊。

五岁多的佳悦每天跟在大山老师的后面，有一天羞涩地向大山表达，长大了要嫁给他。大山老师听了，神色复杂，仓皇而逃。

孩子们爱在其中，纯然而又美好。

那时的我，还不了解孩子有情感敏感期和婚姻敏感期，不知道他们在体验着爱别人和被人爱的历程中将逐渐发现婚姻的秘密、情感的秘密。回看时我暗自庆幸，自己给予了越越一份确定而又及时的“爱的回应”，而没有说出“等你长大了，我都老了”这样扫兴又无趣的话语。

安安的情感之路

（一）

2012年3月，安安三岁九个月，毛毛十一岁。

安安最近好像爱上了毛毛。

安安正在办公室里玩，突然，毛毛进来了。安安很快钻到我的怀里，羞涩地说："我带毛毛姐姐到外面玩。"

我向安安核实："你是想让毛毛姐姐带'你'到外面玩，是吗？"

安安回头看了一眼毛毛，把头埋得更深了，更羞涩地说："'我'带毛毛姐姐到外面玩。"

毛毛和我说完事情，急着要走，李燕老师对毛毛说："毛毛，你和安安打个招呼吧！"

毛毛匆忙地对着安安说："嗨，安安，我要上课去了。"

毛毛走了，安安要哭了，安安爸爸说："安安，毛毛姐姐要上课了。”

安安欲哭欲追，安安爸爸又说：“安安，毛毛姐姐喜欢成熟的男生。”

安安若有所思，对着窗台上的一盆绿萝重复着爸爸的话：“毛毛姐姐喜欢成熟的男生。”继而又说：“我送给毛毛姐姐一枝花吧！”

最后，安安走到对面的桌子旁，对着窗户喊了一声：“毛毛姐姐。”然后又低下头说了一句：“毛毛姐姐喜欢成熟的男生。”

(二)

2014年12月，安安六岁半，上大班。

我：你在大班和谁交上好朋友了吗？

安：你猜。

我：园园吗？

安：我怎么能和她是好朋友呢！

我：是辰辰吗？

安：我早已经和他是好朋友了。

我：我知道还有一个小姑娘……

安（一下子喜悦起来）：嗯！是不是姓靳？

我：对！好像叫……

安（更加高兴起来）：叫靳晓晓！

我：你和她是好朋友吗？

安：我和她的关系很大。

我：关系很大是什么意思？

安（充满喜悦）：中午睡觉的时候，我和她的床在一起，我们的头对着头，你说，多有趣呀！

我：那你是喜欢她还是爱她？

安：是喜欢。

略停顿了一下，安安的脸上突然有了忧虑——你说等长大了，结婚的时候，突然发现她不漂亮，自己也不帅，该怎么办呀？

我也不知道该怎么办。安安陷入了沉思。

（三）

2015年10月，安安七岁四个月，上小学一年级，靳晓晓还在幼儿园的大班。

安安到办公室来借东西，我问："你还爱着靳晓晓吗？"

安安眉头一皱："现在我们班漂亮的女生可多了，我都不知道该选谁了。"

我问："漂亮的女生都有谁呀？"

他说："悠悠、一铭……"

我笑了，因为我知道，悠悠和一铭是同一个人。

他继续说："……还有很多呢！"边说边急急地走了。

(四)

2017年10月，安安九岁四个月，上小学三年级。

中午放学，下楼时我刚好与安安一起。在二楼时碰到了四年级的晨晨，我们互相打了招呼。

到院子里，我悄悄地问安安："你觉得晨晨漂亮吗？"

安安笑着，有点儿不好意思："还可以吧！"

我又问："你喜欢她吗？"

安安："她好像比我大。"

我笑了："我问的是你喜欢她吗？"

安安冷静地说："我现在不想考虑这些事情，我有更重要的事情，因为我的理想是成为一个大富翁。"

从三岁多到九岁，安安对于情感问题的看法在不断地发生着变化。《捕捉儿童敏感期》一书中提出了孩子的婚姻敏感期现象。这个敏感期一般出现在四岁左右，孩子最早选择的对象是自己父母中的一方，这种选择带着对父母及异性的期许，逐渐地他可能会爱上老师，也可能会爱上同龄的小伙伴。

许多父母会对这种情感有担忧，觉得这个年龄不可以有这样的情感；还有的父母则会借着孩子的情感故事，故意逗孩子，把一份美好的情感变成了玩笑。

其实这是孩子一个必经的时期，这个阶段的儿童对婚姻的相关概念很敏感，会向父母讲述他的情感故事。当孩子提出一些问题，我们要给予孩子积极真诚的回应，与孩子认真讨论，将健康的、彼此尊重的婚恋观传递给孩子，支持孩子用恰当的方式向对方表达爱。

当孩子完成这个阶段的发展后，成长的重心就自然地转移到了另一个主题，儿童就是这样在一个接一个的成长主题中建构和成长起来的。

当孩子无所事事时

阿正四岁八个月，是中途从其他园转来的孩子。他一直不进教室，而最近，他每天都来办公室，然后说："给我一个好吃的。"

一次，我问他："你怎么不去教室工作呢？"

他说："我不想工作。"

不想工作背后的原因是什么呢？对工作材料没有兴趣，还是没有发现工作的乐趣呢？我准备找个时间一探究竟。

这天，我在大厅里提醒玩游戏的五年级学生声音轻些，阿正站在二楼和我打招呼，接着下楼来对我说："给我一个好吃的。"

想起抽屉里还剩下一个棒棒糖，我就带他去拿。

阿正坐在沙发上，惬意地吃着。我说："阿正，一会儿我陪你去班里，我们一起操作一个最有趣的教具。"

他说："我们老师不同意。"

我说："我保证老师一定会同意的。"

他又说："教室里没有有趣的教具，你骗我，我是不好骗的。"

我不气馁："我们一起去看看，你就知道我没骗你。"

他答应了。我们进入教室，看到白老师正在为小朋友们朗读，这会儿如果去拿工作毯铺上，会打扰到他们。我引着阿正，轻轻走到手工桌旁。我取出几何镶嵌板，拿来白纸和笔，和阿正坐下准备工作。我刚把圆形板放在纸上，阿正立刻想参与进来——他拿起一支彩色铅笔，略显笨拙地沿着板的边缘画下了一个圆。

我鼓励他继续，说："你想在圆里画什么吗？"

他点点头："大象。"然后另选了一支彩色铅笔，在圆里画了微笑的眼睛和嘴巴。

我递给他一把剪刀，他尝试着沿轮廓线剪。我发现，四岁多的阿正还不怎么会用剪刀，手部力量也很弱，于是给他示范如何正确使用剪刀。

他小心翼翼、专注地剪了起来，一点点，再一点点。

剪完一个后，他又画了第二个圆，然后继续剪……剪到第四个图形时，他说不想剪这个了，另外选择了一个稍复杂一些的图形，那是老师在手工区事先准备好的，有小树、小草。他继续剪，这个工作持续了四十分钟左右。

看到他已经开始投入工作，我轻轻告诉他："阿正，老师该回办公室工作了。"

他点点头，继续剪，此时，他已经开始在工作中加上了粘贴的内容。

阿正最初不愿进教室，应该是源于陌生，他需要时间去探索这个新的环境，建立起安全感；接下来的一个多月，他尝试用小汽车交朋友，发展他的人际关系；而现在，他常来办公室要好吃的，是因为他发现可以用这样的方式和办公室里的老师也建立起关系。另外，还有一个重要的原因，是无聊。

对于无聊的孩子，教师应适时邀请他进入教室，创造机会让孩子发现教具、发现工作的乐趣，一旦帮助孩子建立起和教具之间的关系，儿童独立工作的时机就会来到。

我们也会给家长建议：孩子并不喜欢无所事事，有时孩子会胡闹，可能恰好是孩子因为无聊而释放的信息。我们要去关注这份胡闹，也许是孩子需要你的情感陪伴了，也许是孩子需要一些智性的活动去满足他的成长需求。

怎么做呢?

首先，日常就去为孩子准备好整洁有序的环境，让孩子能够直接看见工作材料，比如，经典绘本，手工材料，绘画材料，搭建材料，玩水玩沙的材料，切东西、捣东西、和东西的材料，运动材料，等等。

接着，观察孩子是否有陪伴的需要，如果有，成人可以尝试发起邀请，并展示活动的乐趣给孩子看。户外亲近自然也是非常好的亲子活动。

最后，一旦孩子进入工作，不要总是去提示孩子，不要打扰孩子。当你发现一离开孩子，他就不断呼唤你帮忙的时候，说明孩子还需要你多多陪伴在身边，这个时候不要急于要求孩子独立工作，而应该安心陪伴他。

她重复了一遍又一遍

早晨，阳光洒进教室，班里的孩子们正在工作。

菲菲走到我面前："段老师，你和我一起操作三项式。"

"好的。"坐在她的工作毯上，我一边示范，一边观察她的反应。

菲菲专心地看着我操作，注意着每一个细节。当最后一块摆好时，她好像已经迫不及待要动手了。

无声地拆掉完成的三项式，她准备开始自己操作了。但这时，她似乎又有些胆怯了。

我摆好第一层，对她说："你来试试吧！"

她认真地点点头，开始操作。我发现，第一遍的观察，她尚未掌握要领，但神情专注、沉着。摆好几块后，她拿着一块看着我，我默契地接过，缓慢地将它放到正确的位置上，接着她开始继续，陆续摆好了后面的几块，直至完成。就这样，菲菲的第一遍操作结束了。

"我还要摆！"

“好的。”我赞许地回答。

菲菲拆掉自己的作品，又认真地开始了。这一次，显然要比上一次熟练得多，也没再求助于我。每当有困难时，她便反反复复地观察，最终还是能放到正确的位置上。

十分钟过去，第二遍结束了。

“我还要摆！”她还是很坚定地说出这四个字，我微微颔首。

她再次开始专注地工作，我悄悄离开了她的工作毯。

这之后，我会坐在座位上静静观察班里的情况，也会坐到需要帮助的别的孩子的工作毯边……其间，我仍旧不时看看菲菲——一遍又一遍，每一遍都比上一遍更熟练。一个早晨，她就专注于此。

“洗手吃饭了！”从外面跑进来的孩子的喊声惊动了她。她小心翼翼地收起三项式，回头对我说：“下午我还要操作！”

这个早晨，菲菲操作了八遍三项式。

下午，我回教室，看见菲菲坐在工作毯上，依旧在进行三项式的操作。我悄悄地观察她，每操作完一次，她脸上都有种心满意足的表情。

第二天、第三天，每个早晨的工作时间，菲菲都选择了三项式操作。

蒙特梭利说，重复练习是儿童的智力体操。当孩子内在的需要和外部的材料契合时，孩子会自发地选择材料展开工作，并不断重复，不厌其烦。专注、宁静、耐心、意志力、喜悦都伴随着这个历程不断发生……儿童就这样建构起自己。

儿童工作时的高度投入和内在的精进感，需要我们为儿童提供一个环境——一个自由的环境，一个智性的环境，一个安静时不被打扰的环境。

旁观者也是学习者

大班主题课结束，孩子们开始铺工作毯、选择教具，繁忙之后，教室里宁静下来。

小智轻轻走到我的面前："段老师，你可以和我一起工作吗？"

"好的！"我在他的工作毯旁坐下，发现他选择的教具是邮票游戏。我为他出了一道不进位的加法题，并为他演示了一遍操作方法。我示范时，梓阳一直坐在旁边，饶有兴趣地观察着。

工作结束了，小智迅速将教具归位。邮票游戏的难度于目前的他来说还太大了。

一直在旁边观察他工作的梓阳这时快步走到自己的工作毯上，收掉了原来放好的几何学立体组，然后走到教具柜前，将小智刚刚归位的邮票游戏拿起来放到了自己的工作毯上。看他着急的样子，好像生怕别人赶在他之前选择了这个教具似的。

"段老师，和我一起工作好吗？"

我点点头，走到他的工作毯旁，坐了下来。

"但我不想算这道题，你给我重新出一道，行不行？"梓阳用手指着刚才我和小智做过的那道题。

“好的！”我重新出了一道题，和他坐了下来。当我取第一个加数时，他已经迫不及待了。“让我来取第二个吧！”他要求。伴随着我的示意，他准确地取了另一个加数的量，然后顺利地依次进行完毕。

“我可以自己工作了，段老师，你再给我出几道题吧！”

我又给梓阳出了两道题。整个早晨，他一直专注地工作着，每个动作都认真、到位。

不论是正在工作的孩子，还是观看的孩子，都是学习者。小智先进行了操作，虽然目前这个难度他还没有掌握，但一定有那么一次，他再拿起这个教具时，会发现这个教具的秘密。

梓阳并不贸然行动，他选择旁观，静静的观察让他胸有成竹，他在观察中发现了教具的秘密，这才决定亲自动手去实践。

成人遇到小智这样的孩子会担心他怎么这么容易就放弃，遇到梓阳这样的孩子又常常催促——“你也去试试啊！”“你为什么不去做？”但每个孩子就是这么不同，当他们准备好，一定会用自己的方式去呈现自己。

我们可以做些什么？

做一个观察者，去发现孩子不同的需求；

做一个准备者，准备全然地接纳孩子的不同；

做一个协助者，陪伴、支持孩子去达成他们的成长目标。

切黄瓜的孩子

日训区一个孩子正在工作，他的背影显现出一种警觉的美感。

我走近观察，他左手正按住一根黄瓜，右手拿着削皮器。刺溜一声，一根长长的黄瓜皮被削了下来。他放下削皮器，两根手指压在黄瓜皮上，捋直，再展开摆在自己面前，满意地看了看，然后继续工作。

黄瓜皮削完后，他左手摁住黄瓜，右手拿着水果刀，一小片一小片地切下来，放在盘子里。盘子里的黄瓜片厚度都差不多，孩子的动作既娴熟又小心。

所有的工作结束后，他的身体松弛下来，靠在小椅子上，满足地端详着盘子里的黄瓜，然后开始品尝。

我静静地从后面看着孩子，十几分钟，他全然专注于自己的工作，如置身无人之境。意识完全被贯注在这个活动中，伴随着活动，他时而警觉、时而松弛，有条不紊、张弛有度。这个小小的身体形成了一个大大的场域，他的工作创造出一个完全属于自己的空间，充满了美感。我不由自主地屏气凝神。

属于孩子的地方

早餐后，第一个孩子进入教室时，老师已经坐在线上，准备开始阅读了。

参与阅读的孩子安安静静地走进来，沿着线，围圈坐下。老师读着故事，不时用眼神与孩子交流。有的孩子轻缓地走到八角桌旁，开始做手工；有的直接进入阅读区，自己挑选一本喜欢的书看；有的吃完早餐就到大厅去交朋友了；有的则到户外玩耍。

主题课后，一个孩子选择了捣饼干的工作，他将饼干掰开放入臼里，轻轻捣，最后将捣好的饼干倒入小盘，惬意地享用起来。另一个男孩选择了三项式。他按照三项式盒盖上的图示，顺利地摆好了第一层。第二层显得要困难一些，他尝试了好几遍，依然没有摆出来，看上去有些气馁。但他并没有寻求帮助，而是边感觉边思索着……

情绪区今天没有孩子，薄薄的轻纱里铺着一条小毯子，放着两个软软的抱枕；窗台上的绿萝垂下来，叶片在阳光下泛着光……

教室里轻松、自然、温暖又智性，孩子们可以自由地选择自己在哪里，做什么，安宁地做着自己。

日训区的刀具，剪贴用的文具，卧室旁的化妆台和化妆品，需要被孩子照顾的绿植……这些都是真实的，孩子体验着真实的材料、真实的环境、真实的生活。

教室里每种教具都只有一套，当有人先选择时，其他的孩子就要学会等待，或是另做选择；教室里需要轻声说话，轻缓行走，不能踩到别人的工作毯，避免打扰别人；工作结束后要归位教具，形成一个完整的工作周期；需要帮助时要说“请”“谢谢”；介入别人谈话时要说“对不起，打扰一下”……规则最大地保障了每个孩子的自由，让孩子生活在文明中。

二十五个年龄不等的幼儿和三位教师共同组成一个混龄班。方寸天地，有序而安宁，自由而丰富，它们是真正属于孩子自己的教室。

不是孩子练习了自己的手部肌肉，促进了肌肉精细发展；不是孩子锻炼了动手能力，提升了自己照顾自己的能力，都不是。虽然这些也都发生了，但重点是这是一个完全由儿童自己创造的工作历程，而这个历程同时创造了一个新的儿童。

这不是一个偶然，对于自由中的儿童，这是一个必然。唯有自由，能让这样的情景变成儿童生命中的必然，生生不息。

孩子的语言

“糖坐着我的口水滑梯滑下去了！”

“爱就是你心里痒痒的，当你想起一个人时，脸都红了。”

“我心中还有仇恨，但是我现在吃了止疼药。”

“我有两颗心，一颗是我自己的，一颗是爸爸妈妈送的，这两颗心合体之后，我就变成超大的巨人了。”

“我是我妈妈的孩子，你想要个女孩儿自己生去。”

“当我在哼歌的时候，我感觉我的脚指头都在唱歌。”

2

第二篇

同学少年

“爱和自由”小学面试

（一）

老师：你知道一年有几个季节吗？

幼儿：知道，好像有三个。

老师：是哪三个？

幼儿：春、夏、秋、冬。

老师：你最喜欢哪个季节？

幼儿：我最喜欢夏天。

老师：为什么？

幼儿：因为夏天很暖和。

（二）

老师：你知道一个星期有几天吗？

幼儿：有七天。

老师：那你知道哪几天你要来幼儿园，哪几天放假休息吗?

幼儿：幼儿园哪几天放假，我们就哪几天休息。

（三）

老师：你在班里有朋友吗?

幼儿：有。

老师：有几个?

幼儿：好几个。

老师：你会和朋友发生矛盾吗?

幼儿：会。

老师：那发生问题时你怎么解决?

幼儿：我会冷静一会儿，或者晚上回家睡一觉，第二天早晨就好了。

老师：那你不和朋友解决吗?

幼儿：等到第二天，问题已经不是问题了，就不用解决了。

（四）

老师：你会和朋友发生矛盾吗?

幼儿：会。

老师：你会怎么处理呢？

幼儿：我会去没人的地方先待一会儿。

老师：然后呢？

幼儿：如果我错了，我会向他道歉。如果他错了，我会让他给我道歉。如果他不愿意道歉，我会等他调整一会儿，然后再让他道歉。

（五）

老师：你会和朋友发生矛盾吗？

幼儿：我不会。但他们会。

老师：那你会帮助你的朋友解决问题吗？

幼儿：让我想一想。

幼儿（想了半分钟左右）：如果他们可以自己解决，我就不帮助他们了。

老师：哦。你会先做一个判断，是吗？

幼儿：嗯。如果需要我的帮助，我会问问他们发生了什么，然后再帮助他们解决。

常有人问我，你们小学一年级的新生面试都在面试什么呢？

首先，我们看孩子是否已经具备一定的情绪能力——能认知自己的情绪，又能分辨他人的情绪，在情绪来临时，是否能照顾自己的情绪和感受。

其次，是关系。先是和自己的关系，是否能用“我”去看待“我”。简单说，他应该可以跳出自己去看自己，开始有意识地关注外部世界和自己的关系，可以认知自己。然后是和他人的关系。小学的学习会让孩子进入一个几乎全新的环境。与人交往，建立关系，是这个阶段的孩子的心理需求。有能力处理关系中的问题，有一定的规则意识、合作意识、妥协意识的孩子会更容易适应小学生活。

最后，是认知。我们看孩子是否在认知部分做好了准备。经过幼儿期的发展，孩子们在认知部分形成了一些经验和结构，虽然仍需要透过具体的实物体验和较长的心理过程来完成对客观事物的再认识，但是明显地，孩子应该已经在认知过程中建立起了一定的专注力和意志力，并且对更广阔的世界有了求知欲。这个时候，我们说孩子在认知部分做好了准备。

面试的过程帮助我们从这三个部分去了解孩子，也帮助我们在孩子进入校园后有意识地支持不同的孩子去度过这个新的阶段。生命就像溪流，一波一波地向前推进，永不止息地流淌，什么也无法阻挡。

和孩子们在一起的享受时光

草坪上，三三两两的一年级孩子在游戏。

蔚蓝走过来对我说：“我在院子里好像看到了你，你就是开学典礼上的那个校长。”上次见到我时，他也说了同样的话。

几个女生围到我身旁，我问她们：“你们喜欢小学和老师吗？”

一个孩子说：“我们喜欢YY老师，她可好了。可我们不喜欢她的课，管得太严了。”

我问：“那你们喜欢乔红老师吗？”

“喜欢，也喜欢她的数学课。”

我饶有兴致：“那我出道题，考考你们。”

她们很自信：“说吧！”

我出了一道进位题：“6加9等于多少？”

我迅速被她们不屑了：“这也太简单了吧，15！”

我增加难度，出了一道两位数加法：“23加42等于多少？”

这次我迅速被抱怨了："这也太难了吧！"

草地上坐着画画的如意突然抬起头："等于六十多。"

我笑了："六十几呢？"

如意看着我："六十几我就不知道了。"然后低头继续画画。

另外几个女生，用跳绳围了个圈，坐在里面聊天。我也想加入，于是征求她们的意见。她们立刻明确地拒绝我进入圈里，但同意我在圈外听她们的谈话。

楠楠突然想起自己在一个幼儿园的遭遇。她向我倾诉："现在一想起来还是很生气，就好像现在还在被罚站一样。"我抱了抱她。

树荫底下有一群孩子，我问他们喜欢幼儿园还是喜欢小学，他们各自表达着看法，其中一个孩子表现出超理性："都已经离开幼儿园了，还和它比什么！"

小德在操场的拐角处，他拿了一堆报纸，装了瓶水，浸湿报纸、弄碎。他说他在做纸浆。我问他："你在哪里了解的这些？"他说："北京科技馆。"接着还向我详细介绍了纸浆的制作过程以及如何节约能源。

……

若能蹲下身与孩子平等交流，他们就会向你展示生命的真实和单纯，展示内心与表达的高度一致，展示丰富的想象力和无处不在的学习的智慧。我享受和孩子们在一起，任由他们引领我漫游其中。

他需要被倾听

我在办公室里突然听到外面的哭声，撕心裂肺的。我立即跑出去，是他。

李燕老师蹲下来，问他：“你怎么了？”

他一边继续哭，一边说：“我想和你聊一聊。”

开学到现在，同样的情形在他身上发生了好几次。

李燕老师告诉我：“他在人多的地方有一种不适，显得紧张和焦虑。”

我观察，情绪在这个孩子身上总是像压住的火山，要么不表现出来，一旦表现出来就是爆发，声嘶力竭地哭。因此，我会特别关注他。与他相遇，总主动迎上去和他打招呼，但他总是警觉地看着我，和我保持距离。

秋游时，我恰好被分在他们班。他总是落在队伍最后，我一次又一次拉起他的手，想带他跟上队伍。最初，他一会儿松开我的手，一会儿又拉上。渐渐地，松开的次数越来越少。他提议我们玩一个游戏，轮流说三画的字，然后是四画的字，再然后是词语接龙。他真的很厉害，掌握的字词比我还多，看得出，这是他经常玩的游戏。获胜似乎让他逐渐放松了。

当他们班的队伍与一一班相遇时，一一班的孩子突然齐声大喊："一一班，加油……"他皱着眉头，迅速从我右边转到左边，躲在我的身后。

走到第一个目的地，老师带着孩子们铺餐垫，按照事先分好的小组，进行野餐。不断有孩子给我分享好吃的。中间有两次，我喊他来，给他分享了一些零食。然后，他也给我分享了他的，并且一定要看着我吃下去。

他想上卫生间了，因为卫生间离班级驻扎的地方有一段距离，所以我陪着他去。回来时，我们在四年级驻扎地逗留了一会儿。在他的建议下，我们一起玩"飞花令"游戏，谁输了，就围着大树跑一圈。他掌握的诗词可真多！我问他和谁学的，他说和爸爸。

六年级的两个男生看到了，也加入了我们的游戏，把游戏内容改成"石头剪刀布"，谁输了谁就围着大树跑一圈。

我观察着他，无论输赢，他的情绪都很平静。

我向班主任老师了解这个孩子，老师说："他各方面学习都好，只是情绪不流畅，需要倾听。"

一天中午放学，我在校门口看到了他的爸爸，便上前与他沟通，爸爸明确表示孩子在家并不缺乏倾听。

我们容易把教导、训诫、苦口婆心都当作倾听。真正的倾听是你愿意去听，听对方所有的情绪、感受和想法，当对方向你倾诉，向你表达情绪时，不去评价、不去指导，不论对和错。倾听能让儿童的情绪自然地流淌出来，发展起来。情绪若不被允许，生命的一半都被禁锢了，剩下的一半，是被教导出的头脑和无法自由的心。

秋游之后，每天与他相遇时，我仍会和他打招呼。他有时回应，有时悄然而过。

毫不掩饰的渴望

冬季越野赛正在进行中，一年级的楠楠来找我。他没有拿到名次，在我跟前绕了一会儿后，走过来对我说：“跑这么远，应该发个鼓励奖吧！”

我笑了：“是的，除了一、二、三等奖，只要参加的同学都会获得鼓励奖。”

楠楠问：“有奖品吗？奖品是什么？”

我回应他：“奖品是个惊喜，早早知道了就没有惊喜了。”

楠楠没说话，走开了。一会儿，他又过来了。

“奖品是吃的还是用的？”

“我只能告诉你，它很特别！”

“特别？”楠楠歪着头，若有所思，“是一个拥抱吗？还是一个吻？”

我哈哈大笑，拥抱了一下楠楠，说：“别再追问了，一会儿全部比赛结束，你就会得到这个特别的惊喜……”

发奖仪式结束后，楠楠又来找我，他拿着他的奖品，开心地对我说：“真的是一个惊喜，我很喜欢！”

一年级的孩子藏不住自己的渴望，也恰是因为这样，他们是如此让人喜爱。

不怕生的一年级

一年级一班的一个小男孩跑过来：“老师，来，抱一下。”

拥抱后，我问他：“发生什么事情了吗？”

他微笑着说：“没什么事情，就是我现在需要一个拥抱！”

一年级二班有个小男孩，我总提醒他规则。他忍无可忍，气急败坏地说：“这个像奶奶一样的老师，是全校最坏的老师！”

走到一楼消防栓那儿，我照了照镜子，仔仔细细端详了自己，还真像个年轻一点儿的奶奶。

依然是一年级的孩子，虎头虎脑，跑进我的办公室就问：“你是校长吗？”

我乖乖回答：“是的。”

他似乎有点儿怀疑：“你确定你是校长吗？”

我笑了："非常确定。"

他又问："那那个扎辫子的老师是校长吗？"

我回答："是的，李燕老师也是。"

他不解了，问："为什么你们都是校长？"

我看着他，认真缓慢地解释："我是行政校长，李燕老师是教学校长，我们负责的工作不一样。你需要什么帮助吗？"

他直接走过来，拉住我的手，说："走，我需要你帮我解决问题。有个大哥哥不经过我的同意就踢我的足球！"

爱、自由、规则和平等，让学校里最小的孩子，也有力量发出自己的声音——向外去探究世界，向内去守护自己。

金秋的下午，阳光肆无忌惮地照射下来，仿佛儿童的纯粹、通畅和开放。

帮助孩子熟悉规则

《图书借阅规则》刚刚开始实施。

一年级的孩子来借书时，在场的老师都会再帮助他们阅读一遍借阅规则。每次读完，我们都会与孩子核实：明白借阅规则了吗？孩子表示明白了，再办理借阅。

他们会写的字很有限，所以需要在登记时，帮助他们写书名，随后他们自己签名。还书时，他们也会请老师帮忙。

我会定期翻看借阅记录表来了解孩子们对规则的执行情况。有一次，几个孩子未及时归还书籍，我拿着借阅记录表到各班级去了解情况。

先是低年级的几个孩子。原来他们在还书时，将归还记录写在了错误的地方。于是，我将正确的记录方式演示给孩子们看，孩子们清楚了之后我就离开了。

接着，我找到另外两个未及时归还书籍的孩子，他们都是三年级的。一个男孩是天佑，超时一周；一个女孩是阿惠，超时两周。

我向天佑询问违反借阅规则的事情，他说："我把书忘在家里了，明天就归还。"

我告诉他按照借阅规则，超时一周归还图书，他需要停借一周，他点点头表示接受。

我又与阿惠沟通，她也告诉我把书放在家里了，第二天就归还。同样地，我告诉她因为未按时归还书籍，她需要停借两周。她平静地回答我："我知道了。"

他们都如约归还了书籍，接下来的日子，每天下课时间依旧有孩子来借书、还书，但我在孩子群中一直没有见到天佑和阿惠。

一周之后，天佑如期而至，当他走近书柜时，我俩默契地交换了一下眼神。

两周时间还未过去，我在办公桌前整理文件时，看到三年级的几个女生来还书、借书，阿惠的身影也在其中。我悄悄观察着阿惠——她站在借书的孩子们身后，看着大家翻阅、讨论。那几个女孩选好书后，到小桌子上拿登记表，她站在书柜前看了几十秒钟，然后也取下了一本书。

我站起身来，走到她面前，小声提醒她说："阿惠，我记得你还没到两周哦！"

她抬起头来，对我微微一笑："老师，我知道呢。我是陪她们来借书的，这一本我只在这儿看一看，到5月23日，我就可以借书了。"

她轻松坦荡，我却瞬间惭愧，感觉自己像一个窥视者，一个对孩子没有信任感的窥视者。

借阅规则实施的这段时间，不同年龄段的孩子都在体验着这些规则。在我们的生活中，如果成人能以爱的态度去协助孩子了解规则，当违反规则时提醒他们该如何履行规则而不评判他们，确定地执行规则，他们就会用自己的方式逐渐建构起规则意识。

就像我们的孩子一样，清晰的规则意识让他们自尊、自爱、自我负责，散发出精神的光芒！

他怎么写得这么好

前天，两只螃蟹打架了。有一只螃蟹用了后空翻，另一只螃蟹反击，用了空手道。前面那只螃蟹用钳子盾牌挡住了第二只螃蟹的攻击。第二只螃蟹很气愤，它用它中等厉害的一招叫后踢腿，然后第一只螃蟹用“掏心法”把第二只螃蟹击毙了。

这是一篇一年级孩子的作文。如何让孩子一下增加那么大的识字量，快速掌握语法，还要确保书写的流畅？你一定会好奇。许多教育正在做一件事——缺什么补什么——用重复练习去增强孩子目前缺乏的能力。

那我们是如何做到的呢？实际上，我们做不到。上面呈现的是一篇口述作文。什么意思呢？就是孩子说，家长帮助如实记录。记录后，家长逐字逐句朗读给孩子听，由孩子自己发现问题，自己提出如何修改。如有孩子未发现的问题，则可以重复朗读，由孩子决定是否调整和修改，直至最后完成。

低年级孩子写作文所面临的不是语言组织和逻辑上的困难，而是书写和生字的困难，这个困难会阻断孩子的思维。如果为了让孩子能写作，就不断去强化训练他们尚不具备的能力，反而容易让孩子丧失对写作的兴趣。

其实，我们可以顺应孩子已有的优势和兴趣。这个阶段的孩子已经建立起一定的语言思维能力，口述一个情境、一个故事、一段生活趣闻，他们便会兴致勃勃。他们总能发现有趣的事情，而且好奇、富有想象力，看问题的角度也是千奇百怪，一旦从书面作业变为口述，孩子的能力就能充分发挥出来。与此同时，他们的整合能力、语言组织能力、逻辑思维能力会伴随着口述、回听、修订而得到发展和提升。

这个历程的重点是父母不能仅仅记录下来，敷衍了事，而一定要履行口述作文的完整程序，如实记录，然后朗读给孩子听，与孩子核实内容，征求孩子的意见，陪孩子修改。要让孩子主导，不要急于把自己的意见和想法告诉孩子，让孩子自己去发现需要修改的地方。即使有明显不通顺的部分，如果孩子没有发现，父母也不要执着于去纠正。比如前文中的“它用它中等厉害的一招叫后踢腿，然后第一只螃蟹用‘掏心法’把第二只螃蟹击毙了”，这句话的前半句就不完整，是一个病句，但是如果你这个时候去教孩子语法，就打断了孩子的创作兴致和思维过程。

两年的口述作文练习，使得孩子从思维上对完整的文章结构有了充分的把握。伴随着孩子对字、词、句、段的逐步积累以及书写能力的提高，到了三年级，孩子们就做好了独立写作文的准备。

所以，我建议那些低年级孩子的父母们，即使孩子的学校没有布置这样的作业，你们也可以有这样的亲子互动。周末的时候，或者长长的假期里，请孩子分享一个有趣的故事，你在旁边帮他记录下来，然后按照口述作文的程序进行下去，最后告诉孩子："你完成了一篇自己的文章！"

一款亲子套餐作业

“我刚打乒乓球就能接住几个球了。我还会握拍子了，而且很娴熟。”

“我好不容易做好了一架飞机，结果妈妈给我弄湿了，飞机头烂了。后来水干了，我成功地把它改装成了双头飞机。”

“我在跳绳的时候可以转着圈儿跳。”

“我用了四五秒钟就看完了一张藏宝图，很快地找到了宝物。”

“我可以自己洗澡、洗袜子了。”

……

这是我们学校留给孩子的周末作业——成功周记，用一句话记录这一周里你觉得自己成功的某个事件。低年级的孩子口述，由父母帮助记录。孩子回顾自己的一周，找出自己点点滴滴的进步，自己发现自己的成长。

这实际上是一款亲子套餐作业中的一部分。与成功周记一起的还有另外两部分：一个是留给孩子的作业，欣赏你的爸爸妈妈；一个是留给父母的作业，描述这一周孩子具体的进步、闪光的行为表现，基于这些具体的内容给予孩子一份积极评价。

一个孩子说：“我很欣赏爸爸陪我踢球，给我传球。我很欣赏妈妈带我去我之前的幼儿园看了看。”

还有一个孩子说：“我很欣赏爸爸这周去听课了。他这周很成功地没有吼我。”

一位妈妈说：“亮亮今天没能按时完成作业。他虽然很烦躁、很沮丧，还哭了，却依然坚持写完作业才睡觉。”

一位爸爸说：“多多在踢球的时候一直积极拼抢，虽然最后输了，他和队友也没有互相抱怨。”

许许多多的人，一生拼尽全力只为获得他人的认可。我们希望孩子从小就能生活在欣赏和积极的语言中。成功周记帮助孩子连接自身的资源和优势，而父母的积极评价和孩子对父母的欣赏让家庭成员能够有意识地去看见孩子，看见彼此。长时间持续地进行这个活动，那些无意识的消极、抱怨、指责就会慢慢转化，孩子每天从家里走出来时，带着“我很好”“我可以”的心态去开启他的一天。在这样的生活中长大，一个人才会宠辱不惊，自我欣赏、自我支持，会将注意力放在自身的成长上。

阅读带给孩子的精神力量

阅读连接“原力”。对，就是《星球大战》里的那个“原力”。

二年级的巍巍遇到我，问：“老师，你有没有看过一本书？”

“什么书？”

“《钢铁是怎样炼成的》。”

我不掩赞赏，欣喜地问：“你在读？”

“世界上还有这么好看的书！”他感叹着，脸庞放着光。

我想听他更多的分享：“你为什么觉得这本书好看？”

“因为我喜欢保尔，他很坚强。”说完他挥挥手，走向自己班的教室。

秋季诗歌朗诵会预选赛，我悄悄走进二年级一班教室，恰好碰到巍巍朗诵徐志摩的《雪花的快乐》。

假如我是一朵雪花，

翩翩地在半空里潇洒，

我一定认清我的方向，

——飞扬，飞扬，飞扬。

他的声音充满了情感，完全覆盖了稚嫩的音色。感动的泪顺着我的脸颊流下来。

冬季越野赛，3000米，巍巍的眼睛炯炯有神，身体警觉。哨声一响，他冲了出去。我跟随观战的人群去到终点，内心有些小小的企盼——巍巍会得第一名吗？过了些时候，人群中开始有呐喊加油声，远远跑来的第一名就是他！

从幼儿园到小学，从经典绘本故事到经典文章、经典名著，每天清晨，我们学校雷打不动会有一段留给孩子的经典晨读时间。我一直觉得阅读带给一个生命的精神力量在巍巍身上体现得淋漓尽致。在一次与他的家长沟通时，我的想法得到了验证：巍巍不仅在幼儿园和小学校园里阅读，他的家里还有酷爱读书的爸爸和妈妈，阅读就是他们和孩子之间重要的亲子活动。

他们总是嘲笑我

三年级的阳阳敲门进来，又生气又难过。

我连忙请他坐下，询问发生了什么事情。

他气呼呼地说："我们班有几个孩子总是在嘲笑我。我很生气，就和他们发生了冲突。"

我尝试着帮他整理思绪："嗯！老师看见你很生气。你现在找我，是需要我帮你解决冲突的问题，还是嘲笑的问题呢？"

他说："我们班有几个男生和我一样，属于比较容易有情绪的，所以，我们的情绪摩擦很多，但是我们很快就能自己解决。"

我暗自赞叹"情绪摩擦"这个形容用得好妙啊！同时继续核实："所以你想解决的是关于嘲笑的问题吗？"

他点点头。

我问："他们为什么嘲笑你？"

他开始倾诉："语文课学的那些生字，我总是记不住，我觉得这很正常呀。他们掌握得比我好，然后，就用那种眼神看我，用那种口气说：‘这么简单你都不会？’我特别不舒服。老师，你知道那种眼神和口气吗？”

我点点头，表示知道和理解。

他又气愤地说：“这就是嘲笑，而且他们经常这样对我。”

我说：“确实令人很难受，你和他们说过自己的这种感受吗？”

他说：“说过不止一次，但他们不在意。”

“那你找过班里的老师解决吗？”

他说：“霞老师帮我解决过好几次。但他们之后还是这样。”

我说：“那么，你现在去找他们，我们一起来沟通，你觉得怎么样？”

阳阳同意了，叫来那几个男孩——点点看上去满不在乎，龙土有点儿紧张，辰辰面无表情。

我请他们坐下，告诉他们阳阳想要解决的问题，与他们核实情况。

点点不屑地说：“这种小事也来找校长，他本来就没掌握。”

阳阳气愤地打断他：“我没掌握是我自己的事情，但你不可以嘲笑我。”

点点没说话。

我继续核实：“你确实用嘲笑的方式对待过他，是吗？”

点点说：“我就随便说说。”

我说："但你的'随便说说'，让阳阳感受到被嘲笑，他很难受也很气愤。我相信如果别人这样说你，你也会不舒服的。"

点点不说话了。

我又向龙土和辰辰核实，他俩都表示确实对阳阳说过几次这样的话。

龙土显得有些自责，他说："我说他的时候，没有想到这是嘲笑。"

我对阳阳说："你可以面对面地告诉他们，当他们那样说的时候，你的感受是什么吗？"

阳阳的眼圈红了，踌躇了一下，大声地说："我感到被嘲笑，我很难过，也很生气。我不愿意让你们这样对待我！"

三个男孩相互对视了一下，对着阳阳一起说："对不起。"

阳阳停顿了一下，坚决地回应："不原谅！我觉得你们不真诚。"

三个男孩调整了一下自己身体的姿态，放慢了语速，看得出也在态度上做了调整，再次齐声说："对——不——起。"

阳阳的情绪放松下来，轻轻地说："原谅了。以后请你们不要再这样说我。"

三个男孩点点头。

我向四个男孩核实："这样解决，你们觉得可以吗？"

他们点点头。

"有没有谁要补充？"

他们摇摇头。

我说："老师想补充一下。有时我们对别人说的话，或者我们说话时的情绪和态度，我们自己觉得没什么，但对方的感受却不一样，我们需要尊重对方的感受。"

停了一会儿，看到孩子们在认真理解，我继续说："同时，我们要去检视一下自己，比如，我说的话是否友善？我的态度是否友善？我的情绪是否友善？这样，就能让自己警觉，不去用语言、情绪和态度伤害别人，包括自己的朋友和家人。"

片刻的安静，我们都沉默了。然后，我们结束了这次沟通。

孩子请求成人协助解决与小伙伴之间产生的问题，恰是孩子在寻求一种积极和理性的解决方式。老师对事件不偏不倚的态度，与每位当事人核实情况时的尊重，会让每个参与解决问题的孩子在安全的、有尊严感的氛围中，去面对自己需要面对的问题。

随后的一段时间里，每次在校园里遇到阳阳，他总会愉快地和我打招呼，或是简单地交流一下，没有再找我解决过类似的问题。我知道自己赢得了他的信任。

每每这种时刻，我总能看到并感动于孩子身上的勇敢和诚实，也感谢他们给予我参与其中的机会。

他不直视我的眼睛

我坐在晨晨对面看着他，想与他沟通。他不直视我的眼睛，始终低着头，很局促。我问一句，他说一句。这是我和晨晨的第一次见面。

晨晨是从外地转来的，他的爸爸妈妈告诉我，因为他的节奏慢，在之前的学校总被老师指责，孩子越来越没有自信心。

在我看来，节奏慢的孩子并不意味着不好，他们或许“不同”，但绝不是“不如”。

相比同龄孩子，晨晨更高更壮，但他好像总想把身体缩起来，含胸佝背，眼神茫然无措，在孩子群中显得有些突兀。

一天，跟车老师对我说：“晨晨在校车上不太遵守规则，总是打扰其他人，提醒了也没有多大效果。”下午送孩子上校车时，我有意靠近他，轻声对他说：“晨晨，校车上有乘车规则，每个乘车的孩子都需要遵守校车规则，你也一样。”他警觉地看着我，点点头。

另一天，他在院子里跳绳，我驻足观看了一会儿，走过去对他说：“晨晨，你跳得不错呢！”他有点儿高兴，但依然警觉。

趁着他的高兴劲儿，我继续说：“晨晨，你这样多运动，你的脂肪就会转化为肌肉，然后你就会既健康又帅气！”

他看着我，第一次流露出一些自信：“嗯！我以前跑得可快了！”

我回应他：“哦！那继续努力！”

他点点头，走了。我想，我们开始慢慢连接上了。

这天下午，他突然出现在我办公室门口，面色懊恼。

我问：“晨晨，你有什么事吗？”

他点点头，我请他进来坐下说。

他的脸涨得红通通的。

“他们几个老说我。”

“他们几个是谁？说你什么？”

“就是他们几个，说我球踢得太差了，老说我。”

“哦，他们这样说你，你觉得不舒服，想让老师帮你解决问题，是吗？”

“是的。”

“那你帮老师把他们几个叫来。”

他走到门口，又转过身来，很担忧的样子：“我叫他们，他们不来怎么办？”

“你就告诉他们‘段老师请你们到办公室来解决问题’，他们一定会来的。”

一会儿，门口出现了三个男孩，满不在乎地询问：“怎么啦？叫我们来干什么？”

我请迪迪、涛涛和朗朗先坐下来，让晨晨也坐下来。

“老师想先核实一下，晨晨说在操场上踢球时，你们几个总说他踢得太差了，是这样的吗？”

朗朗迅速反应：“我没说。”

迪迪认真地眨巴着眼睛说：“说了，可这是个客观事实呀。”

涛涛面无表情地说：“他就是踢得很差呀。”

晨晨的脸色愈加难看了。

我认真看向他们每个人的眼睛：“你们这样说，晨晨感觉很不舒服，想让我来帮助他解决问题。”

三个男孩互相对视了一下，迪迪继续说：“他踢得很差就是个客观事实。”

我看着他们三个：“据我所知，你们几个周末都在足球班踢球，而且踢了好长时间了，是吗？”

“是在足球班踢球，但和这事有什么关系？”

“你们都参加过训练，晨晨才开始练习踢足球，而我没有练习过踢足球，我们对踢得好和踢得差的标准可能完全不同。同意吗？”

“所以我们说的是事实呀。”

“当我们说他在踢球，他踢偏了没有传到，他没有进球，这叫作事实，事实只有一个。但是，他踢得好，他踢得差，这是一个评价，是一个观点，每个人对同一个事实的观点是不同的。对于我来说，刚开始练习能踢成这样是很好的。所以你们说的不是事实，是你们的观点，同意吗？”

他们不作声，我接着说：“当你们的评价涉及晨晨，让晨晨感到不舒服的时候，就需要停下来，这是对晨晨的尊重。”

停了一下，我继续说：“就好比如果你在写字，旁边的人说‘你的字写得太差了’，你听完也会不舒服的，对吗？”

迪迪迅速举手：“如果别人说我字写得不好，那我没啥好说的，我确实写得不好。”

我笑了：“这是你的想法，我尊重你的想法。我想说的是，当我们被别人评价为不好时，心里都会不舒服。你们回想一下是不是这样？”

大家再次静默下来，回到自己的感受中。

过了一会儿，我说：“你们在踢球时多次评判晨晨，说了让他不舒服的话，那么，你们需要来解决这个问题。现在，你们愿意解决吗？”

他们互相看看，然后点点头。

我对晨晨说：“请把你的真实感受表达出来。”

晨晨对着他们一字一句地说：“你们那样说我，我不舒服，我需要你们给我道歉。”

朗朗立刻站起身，漫不经心地说：“对不起。”

我看着朗朗，说：“请你真诚地道歉。”

朗朗站直了身子，与晨晨互相对视：“对——不——起。”

“原谅了。”晨晨说。

随后，迪迪和涛涛也向晨晨真诚地道了歉。

我向晨晨核实：“你觉得，这件事解决完了吗？”

他点点头，脸上流露出喜悦的神情。

我又问那三个孩子：“这样解决，可以吗？”

他们也表示可以了。

随后，他们离开了。晨晨跟在三个男孩的后面，关门时我和晨晨的眼神相遇了，他笑眯眯的，心满意足。

我想起他刚来时的样子：不对视，不知所措，茫然而突兀。短短两个月后，他能够去面对发生在自己身上的事，主动寻找老师解决问题了。

这个过程里究竟发生了什么呢?

是爱、自由、规则、平等的环境让晨晨放松了，他重新建立起了自我和信心吗?

是每一天在学校里耳濡目染，让他学会了解决问题吗?

或者是他本来就是这样，只是因为那些指责让他暂时屏蔽了自己的内心?

我不确定哪个是真相，但我惊喜于他的变化。而对于晨晨来说，改变才刚刚开始。

等待他面对自己

“老师，你看他们在草丛里放炮。”中午下班，我刚出校门，迎面来了一个女生。

站在草丛边上，我大声喊那几个男生的名字，无人理睬。

一林热情地对我说：“老师，我去帮你叫他们。”他进了草丛，走到其中一个男孩的身边不知说了什么，我听到那个男生大声骂了一句脏话。李燕老师也听到了，她说：“我去叫他们吧。”

三个男孩来到了我们面前，我问：“你们忘记了什么？”

晓阳迅速反应：“我违反规则了。学校规定不能带炮，而且也不能在草丛里放炮，容易引起火灾。”他边说边把炮和火柴交给了我。

栗栗犹犹豫豫，照着晓阳的话说了一遍，然后也交出了炮。

李燕老师又提醒了一下安全问题，我告诉他们随后我要在工作日志上记录这个事件并请他们签字，他们点点头，然后离开了。

越越一直站在旁边，一副无辜的表情。

我问他：“你忘记了什么？”

他没好气地看着我："我没干什么呀！"

"我看见你在草丛里放炮了，而且对提醒你的同学骂脏话。"

"我又没在学校里面放炮，谁让他多管闲事的！"

越越并非第一次出现这个问题，我决定跟他严肃地谈谈："今天我要跟你解决两个问题：一是刚才发生的事；二是你无法面对自己的问题！"

越越突然哇的一声哭起来，边哭边说："我想哭一会儿，我到旁边调整一下。"他走到离我们10米左右的地方大声哭了起来。越越的情绪常让人感觉跌宕起伏。但每每他大哭一次，就好似处理掉了一些深埋他内心的东西，变得柔和、顺畅。

他哭着哭着，我突然有点儿不安，觉察到自己对他的态度是不是太过严厉了。同时让他面对两个问题，尤其是第二个问题，会不会让他感觉崩溃？毕竟他只上三年级。

我停在原地等待他。

寒风里，越越哭了好一会儿，从高声大哭到轻声啜泣……平复下来后，越越走了过来，哽咽着说："我不该带炮到学校，也不应该在草丛里放炮，也不该对一林骂脏话。"

我看着他的眼睛核实："你是真的这样认为吗？"

越越："是真的，刚才我还没做好准备。"

我真诚地回应他："我理解！一个人面对自己时，是需要时间和勇气的。”他点点头。

停顿了一会儿，我说：“下午你需要去跟提醒你的一林道歉。”

他点点头，面露老成地说：“谢谢二位校长在寒风中为我解决问题。”

我感觉，这件事还没有彻底解决，于是对越越说：“下午到我办公室签一下字，我会在工作日志上记录这个事件。”

他愣住了：“还要签字？”

我说：“这是一个关于安全的事件，老师需要记录并且需要你们三个签字。”

下午第一节课后，晓阳和粟粟一起来到办公室，我给他们念了一下我记录的内容，他们确认无误后签字离开了。越越没有来。

随后的十几天里，只要我在楼梯上一见到越越，他就会瞬间消失得无影无踪。我很识趣，不去催他。我觉得这孩子需要多一些时间，在心理上完全消化整个事情，但我不会让这件事不了了之。

学期末，越越敲门。

“你找我吗？有什么事情吗？”

“嗯！我来签字！”

和孩子解决问题，有些孩子需要调整的时间和空间，我们不能半途而废。我们有始有终的态度，不仅仅是在帮助孩子解决问题，更重要的，是能够支持孩子去鼓起勇气面对自己。

如果我们能在生活中的每一件事上有始有终，就不会积累那些未完结的情绪、事件，不会把它们压在心上，我们便能自我负责、轻松前行。

你的责任是什么

孩子们带着情绪来找我时，我会请他们先坐下，给他们一些时间和空间去调整一下情绪，回到自己的内在，然后再请他们分别叙述事情。

在叙述的过程中，有的孩子逐渐平静下来，而有的孩子随着叙述，情绪会越来越汹涌地流淌出来。

情绪过后，面对三年级以上的孩子，我和同事们都会问他们一个问题："你们之间发生的事件里，你的责任是什么？"

最初，孩子们几乎都会说，因为别人怎样怎样了，所以自己才怎样。

我们就会将孩子拉回来，面对自己："老师问的是，你的责任是什么？"

这时，他们会安静下来，开始思考。当情绪过后，理性的智慧总会回到他们的身上，于是就能够开始发现自己处理问题时的不恰当之处。他们很清晰。

然后我们会继续问："你觉得现在你能为自己的行为负责任吗？"

这个时候总能得到他们肯定的回应。于是就再询问他们："你们现在能够自己解决了吗？"

于是，他们开始面对面沟通解决。

最后，我们会再核实："你们觉得问题得到解决了吗？现在还有情绪吗？"

如果孩子们确定已经解决，可以邀请他们分享一下在这个事件中收获到了什么，也可以向他们分享你在旁边的观察和感受，帮助孩子去辨别是非，给予他们你的鼓励和欣赏。

对于高年级的孩子，在协助他们解决问题时，如果我们放下"都这么大了怎么还这样"的成见，不急于解决问题本身，而是真诚地倾听他们的情绪，坚定地陪伴在他们身边，带着公正的态度全然信任他们，引导他们走向自省、自我负责和独立解决问题，这些问题必然会成为他们获益一生的财富。

让孩子参与规则的制订

借阅规则

1. 每人每次借阅一本书，借阅时间最多不超过五天。

（书籍有限，这样可以让更多人享受到阅读的乐趣。）

2. 爱护书籍，阅读时请轻缓地翻阅。

（这样可以保证书籍的完整，也可以让我们读到完整的内容。）

3. 吃食物、喝饮料时请不要翻书、阅读。

（避免食物、饮料落在书上，弄脏书籍。）

4. 阅读之后请及时将书籍归还。

（以方便他人借阅。）

5. 损坏书籍需要赔偿。

（每一个人都要为自己的行为负责任。）

春天，小学借阅室又添置了一批书籍，供孩子们在课余时间借阅。

书籍放在借阅室的书柜里。每个来借书的孩子在阅读完借阅规则无异议后，就可以自行登记拿走图书了。

来借书的孩子很多，低年级的孩子有的上午来借，下午就来还，反反复复，好似在体验借阅的感觉。

有一天，一个三年级的女孩问我们："如果在第五天，我还没有读完，那怎么办？"

教学校长李燕老师说："这是一个好问题，你有什么好办法吗？"

"我们可以加一条规则来解决这个问题，就是办理续借。"

然后学校补充了一条"续借"的规则。

又有一天，一个五年级的孩子来借书，问："老师，如果第五天是星期六怎么办？"

我和李燕老师暗喜，孩子在思考。

李燕老师说："你这个问题提得特别好！你觉得这个问题怎么处理好呢？"

孩子说："如果没有读完，可以提前在周五来办一次续借。"

李燕老师赞赏地说："我觉得这个想法棒极了，我们会在规则上加入这一条。"

孩子满意地走了。因此，我们又补充了一条“遇周末续借”的规则。

我很喜欢和孩子们共同参与制订规则的过程，这让规则更好地服务于每一个孩子，这是规则的意义所在。

他们从四年级开始自学

我碰到四年级的来来。他突然停下来对我说："你知道吗？我是我们班的'学霸'。"

好有自信！我忍住笑，问他："为什么这么说？"

他的答案好像早等在嘴边："因为我每天的功课都做得又快又准确。"

"所以属于你自己的时间就很多，是吗？"

"是的。"

在我们的小学，孩子四年级后，就进入了PACE系统的学习模式，一直延续到六年级。PACE模式会将一学期的学习内容分成几个渐进的步骤，制作成一本一本的PACE本，一本中包括了一个步骤里的全部内容。

PACE内容有一个基本标准，是所有孩子都需要达成的。但是每个孩子的PACE难易程度不同，因为每个孩子的特质不同。进度快的孩子，PACE难度会大一些，略有挑战会让孩子在完成的时候更有成就感；进度慢的孩子，PACE的难度会小一些，适当减小孩子的挫败感，提高孩子努力完成PACE的积极性，一步一步达到目标。

PACE学习时间在每天的早晨，占用两个半小时。由不同学科老师主导的时间合计只有四十分钟，这个时间内老师会精讲当天的学科内容。剩下的时间完全由学生主导，自主安排时间，自由进出教室，根据PACE设定的当日内容和目标进行自学。老师全程陪伴，学生有问题时，教师一对一辅导。

PACE模式对于来来这样的孩子，如鱼得水。他选择先高度专注地完成当日学习目标，PACE时间里的剩余时间他就可以自由地用来做他想要做的其他事情，只要不打扰其他孩子。起初，许多孩子都会像来来一样，将这些时间用在操场上和花园里，那种努力后获得的自由似乎必须在一个大的空间里去享用才够尽兴。

实际上，大部分孩子都会像来来这样，选择先完成PACE再玩耍，但每个班也会有一小部分孩子很不同。

徐圣就是这样。每天，他自学一会儿就不见了踪影。我总是在PACE时间结束的时候去寻找他，他要么是在操场打篮球，要么是在某个角落听音乐。找到他，我会提醒他需要完成PACE，再把他带回班里，盯着他用课后的时间继续完成。这段时间，他损失了自由。

一个多月后，他开始调整自己，完整地自学完一门功课后再出去玩一会儿，然后再回来完成另一门。因为发现自己一玩就忘记了时间，于是他请同学帮忙提醒时间。有几次，他还请我提醒他。

又过了一段时间，他已经能做到完成全部的PACE后再出去玩，但是他不能及时修改PACE中的错误，老师又是满校园找他回来改错。

这样没过多久，徐圣已经能很好地管理自己的学习时间，也因此拥有了更多打篮球和听音乐的时间。

五六年级时，每个孩子都发现了自己的学习节奏，能很好地把握自己的节奏，自学习惯和在学习上的自律也都建立了起来。

自我嘉奖的好方法

“千分要求”是PACE教学体系中的一项激励制度。

四年级开始的PACE学习，实行积分制。一个单元的学习内容结束时，会有一次PACE测试，测试的成绩作为积分，计入千分俱乐部。通过自己的努力，积够1000分，孩子就可以兑换一个“千分要求”，学期结束，按时完成PACE，没有延误的孩子，还能获得千分俱乐部的出游奖励。

获得“千分要求”的孩子可以提出一个物质上的要求，也可以是满足一个心理上的需求，还可以是获得某个工作机会，或者提出一次休息的要求。

学期末，六年级的海权和四年级的苒苒兑换的“千分要求”是得到一份工作——在我们的幼儿园做一天老师。两个孩子分别在幼儿园“小天使”班和“小红帽”班忙碌。苒苒为小朋友晾水，海权为班里浇花；教具工作时间，他们认真地陪小朋友操作教具，据说小朋友在小老师的陪伴下比平时更专注了！

四年级的三个女生则申请做一天教学校长的助理。她们拿着教学校长一日工作流程表，按时间点依次巡视、记录、听课，与教学校长及时沟通；课间时，三人分工整理教学资料，井井有条；下午工作汇总结束，她们感叹，教学助理的工作真多啊！

五年级的佳宇的“千分要求”是让爸爸妈妈陪她住一晚酒店，她想体验一下在自己生活的城市住酒店的感觉。一个周五晚上，他们一家就住进了城西的一家酒店。

还有些孩子会提出买一件希冀许久的玩具，或者要求去某个地方旅游。最让我感慨的一次，一个孩子积攒了一学期的积分后，提出的愿望是：让爸爸心无旁骛地陪伴一天。

孩子们付出整整一学期的努力，去达成自己学业上的目标，去发现自己的节奏，发现“原来我可以做到”。最后，透过“千分要求”，从物质到心理，从自由放松的休息到去工作中自我实现，他们选择自己最需要的部分去自我嘉奖、自我满足，真好！

妥协与合作

戏剧课，孩子们分组编排《圆白菜小弟》。三人一组分角色——猪山大哥、圆白菜小弟和旁白。规则宣布完，孩子们迅速自己组队。

小宇和小泽只有两人，陈琛、涵涵、小容和高行却是四人，他们商量了半天，没有结果。

我试探着问他们：“你们要不要抓阄？”

他们欣然同意。于是写纸条，猜“石头剪刀布”，然后开始抓阄。最后，涵涵加入了只有两人的那一组，迅速分好了角色。

但问题又出现了，陈琛、高行、小容无论怎样协商，都无法在角色分配上达成一致。他们决定再次使用抓阄的方式解决，但小容只想演圆白菜小弟，他抓不到这个阄，也坚决不同意别人演这个角色。

别人已经开始排练了，他们还没有分好角色。陈琛首先妥协，建议就让小容演圆白菜小弟，但高行不同意，他很有情绪。

下课了，我也不知如何调解，就请他们自己继续协商，我先回了办公室。

过了好一阵子，陈琛三人进来对我说："老师，我们决定了，小容演圆白菜小弟，我演猪山大哥，高行是旁白。"

我很高兴："我真高兴你们这么快就商量好了！"然后一边记录角色，一边对他们说："尤其是陈琛和高行，我欣赏你们俩的合作意识，因为你们的妥协让小容的愿望实现了。"

他们三人你看看我，我看看你，喜悦地笑了。

跟孩子在一起，我有许多时候都会感觉自己缺乏智慧，无能为力。这个时候先让自己停下来，是我能找到的最好的办法。但我始终信任孩子，愿意给孩子一些空间，不急于得到一个圆满的结局。真实的困境会激发出孩子自身的智慧，他们在分歧中产生了合作、妥协、坚持和包容，产生了理解和尊重。

我跟孩子生气

事情，是这样发生的。

那天，我提前几分钟进了五年级教室。教室里的情形可以用“喧哗与骚动”来形容。

因为上课铃还没响，我先在黑板上写下今天的讨论主题和要讨论的问题。女生们纷纷回到座位，拿出讨论课记录本，在讨论桌上开始抄写黑板上的内容，而男生们依旧在说笑打闹。

上课铃响了，大家都坐下来，只有小智和小翔两个男孩依然嬉笑着。我有些不悦，提醒大家安静下来，然后介绍了今天的讨论内容和讨论问题，请大家用五分钟时间先思考。

仍然是小智和小翔他俩，一边抄写讨论内容，一边说说笑笑。虽然声音不大，但在其他人都安静下来的时候，他俩的行为显然打扰了别人。我的生气更明显了，走过去，提醒他俩安静，他们收起了笑容。

可是我刚刚回到讲台，转过头，又看见他俩嬉笑着说话。这一次，我很生气，走过去对他俩说："老师这是第二次提醒你们，如果再打扰课堂，就要积分请你们离开教室了。"

小翔息事宁人地向我点点头，小智则用生气的眼神看着我，我也用没好气的眼神回敬了他。

讨论开始了，孩子们陆续举手分享自己的观点，我一边听一边快速记录着孩子们的观点。忽然，我又看见小智嬉笑着，不知在说什么。我的火腾的一下蹿上来，停下记录，走到他身边，生气地对他说："这是你第三次打扰课堂，按照规则，你因为打扰他人被积一分，然后我要先请你离开教室，到姜老师那儿调整一下。"

小智的脸瞬间涨得通红，脖子一梗，生气地说："我没说话。"

我更加生气："我的眼睛刚才看得很清楚，你在边笑边说话。"

他说："我在提醒别人不要打扰我。"

我说："你在提醒谁？你告诉我，我核实一下。"

他说："我不想告诉你。但我就是在提醒。"

我说："那我就要按照规则执行。"

我走过去，在打扰积分表上给小智积了一分。

小智的情绪和眼神似乎要杀死我，我请他离开，去调整一下。

他站起身来，走到教室门口，一脚踹开了门。

我走过去，气愤地对他说："请你不要伤害环境。"

小智的双眼通红，怒火熊熊。我虽然直视着他，但心里却有些害怕。

姜老师闻声而来，拉着小智，请他到办公室去调整一下情绪。离开的那一瞬间，我感觉他哭了。

回到班里，我带着复杂的心情上完了讨论课。

下课后，我去找小智解决问题。他冷漠地说："我还没调整好，不想和你解决。"我说："等你调整好了，来找我解决。"

第二天，整整一天，我没等来小智。

第三天，语文课上讲完了内容，孩子们开始做PACE。我拿起孩子们交来的随笔本，开始翻看。

翻开小智的随笔，我看到了这段话："你还在生气吗？那天讨论课，你第三次提醒我时，小翔故意惹我说话和笑，我提醒他别再这样，你就说我在打扰，给我积分，还让我离开。我真的很生气。你真是个坏老师。不过，对不起啦！请原谅啦！"

我的眼睛有些湿润，抬头看看小智，他正在认真做功课。我在他的随笔本上写了一句："我们需要面对面沟通。"

下午我出大厅门时，小智正好进门，我俩停下来，对视了一下，眼睛都红了。他轻声说："对不起。"

我拥抱住他，说："对不起。"

我们几乎同时说了三个字："原谅了。"

这件事一直在我的心里，不曾离开。回想起那天，从上课铃响时看到小智嬉笑而不在意的样子，我已经心生不悦。当小智抵触的态度出现时，我那些对于规则的强调，实际上都藏着情绪的能量，是一次次对他的出击，他的情绪跟随着我一步步升级。

小智的青春期比别的男孩要显得早一些，当他愤怒的能量起来时，缺乏定力的老师常常方寸大乱，也容易情绪共生。但是，我们毕竟是老师，当成人用情绪和孩子解决问题时，对孩子的伤害肯定更大。而小智在随笔本里的表达，不仅仅是在向我解释事情的真相，更是学生对老师的一份照顾。这其中，还包含着他的妥协意识和解决问题的智慧。

作为老师，当自己的课堂上发生问题时，一定要有一个理性的判断：你解决问题的方式是在激化和放大问题，还是在化解问题？除了情绪管理，我们要学习和觉察的还很多，这节课也成为我职业成长的重要一步。

贝尔的愿望

五年级的贝尔向我招手，我搬着小椅子坐到了她旁边。

贝尔问："老师，你知道圆、三角形、正方形和长方形分别意味着什么吗？"

我说："这个概念太大了，你怎么看呢？"

贝尔说："老师，圆代表地球。我们每个人都是一个小部分，一个家庭、一个学校组成了一个大的部分，大部分连在一起是我们的国家，国家连在一起就是我们的地球。所以大家要同在一起融合，每个人都要用爱来与别人流动。"

"说得真好！"我用欣赏的话语鼓励她继续分享。

贝尔继续说："三角形代表一个家庭。三角形是一个稳固的结构，一个家庭最重要的就是稳固。三角形的顶点很重要，它代表家庭里的每个人都一直朝着美好的方向前进。

"正方形代表我们自己。尖角的部分代表我们的缺点，中间的部分代表我们的优点。优点和缺点融合在一起，那才是真实的我们。

“长方形代表我们的社会。边缘的部分代表那些性格孤僻的人，他们只在自己的圈子里活动，中间的部分代表那些善于交往的人。虽然我们是不同的人，但我们同在一个大家庭。”

我被孩子的思考打动了，回应她：“总结得真精彩！老师想拥抱一下你！”

贝尔迫切地说：“老师，你出去讲课时，可以帮我传播一下这个理念吗？让每个人都用爱去和别人流动，地球就会是一个充满爱的大家庭。”

于是，在那一年“爱和自由家庭教育全国公益巡讲”西安站和上海站的讲台上，我向两千位听众分享了这个故事。出差回到学校，我在三楼的走廊碰到贝尔，立刻告诉她我讲课时举了这个例子，把她的爱的思想如实地传播给了大家。

现在，我把这个爱的思想写进书里，也许会有更多的人看到。孩子，谢谢你，你让我见到爱的种子在你的身上生根、发芽了。

“愚昧的快乐”

偶遇已经六年级的贝尔，我们一边走，一边聊起天来。

我说：“上周去幼儿园时我见到了海尔，和她聊了一会儿，发现她很有力量。”海尔是贝尔的妹妹，比她小五岁。

贝尔说：“嗯，我也发现，她越长大越……越不认生了。”她寻思了一下，才选了“认生”这个词。我明白她的“不认生”是在表达妹妹跟人快速熟络的状态。

言毕，她皱起眉头继续说：“但是，她最近有个不好的习惯。”

我问：“哦？是什么习惯呢？”

“以前没有iPad的时候她还好，现在有了，她每天不是玩游戏就是看动画片，而且时间很长。”

“哦？你们家没有建立玩iPad的规则，是吗？”

“有呀，我和妈妈给她定了规则，现在她还没有自制力，每天让她看半小时。以后等她能自律了，可以看一小时。”

我问：“那她都看什么片子呀？”

贝尔又皱起了眉头：“看《爸爸去哪儿》和那个糟糕的《熊出没》。”

“你觉得不太好，是吗？”

“我也向她推荐了《海绵宝宝》和《朵拉》，还有BBC的那些纪录片，但她就是不喜欢。”

“可能海尔需要一点儿时间去接受你的推荐。”

贝尔说：“我总觉得爱看《熊出没》的人都沉浸在一种愚昧的快乐里！”

这个十二岁女孩说出的话惊艳了我。我侧过头去看着她，重复了一遍“愚昧的快乐”，毫不掩饰我对她犀利却直指本质观点的欣赏。分开后，我还回味着那句“沉浸在愚昧的快乐里”。

六年级的贝尔，正处于青春期前期，是在意志上凸显自我意识的时期。这个阶段的孩子喜欢向他人强调自己对人、事、物的认识和主张。这些强烈的主张，有时会令人感受到来自他们的极其尖锐的质疑、不屑和挑战。

然而，也恰恰是在这个时期，若我们能接纳他们的情绪起伏，与他们平等地探讨，欣赏他们的成就，持之以恒地让他们知道你会在身后支持他，那么一个独一无二的、有自我的生命就开始卓然于世间。

当孩子被老师误解时

鸣宇哭红了双眼，我关切地问他："你怎么了？"

他默不作声。

我询问："需要我的帮助吗？"

他依然沉默。

或许是教室里的环境让他无法放松，于是我向他伸出右手。他站了起来，我牵着他的手走出教室。

在学校大厅的长凳上，我们坐下来。我注视着他，再次询问："发生了什么事？你愿意说出来吗？"

他的眼泪瞬间盈满了眼眶，然后抽泣着开始诉说。上课时，他左右座的两个女生一直越过他小声交流，一开始他并未在意。但她俩一直说个不停，所以他提醒她们，自己受到了打扰。当他提醒时，老师叫了他的名字，让他别再说话。他尝试解释，老师依然告诉他别再说了，他觉得自己被老师冤枉了。

我尝试帮他说出感受："你觉得很委屈，是吗？"

他点点头，眼泪汩汩地流了下来。

等他再次平静下来，我继续说："这确实让人很难过，你找老师谈了吗？"

他没有正面回应我，看起来还有些气愤："以前就发生过这样的事，老师说我时带着情绪，我不能忍受。"

我等了一会儿，让他和自己的情绪相处一下，然后尝试帮助他理解老师的态度："鸣宇，老师和我们大家一样，因为某些旁人可能不知道的原因，也会有管不住自己情绪的时候。但如果你和老师去沟通清楚，就能消除这种误会。"

他看着我，不说话。

我问他："你现在感觉好些了吗？"

他点点头。看着他已经渐渐平静，我准备鼓励他一把，于是说："我相信，你一定有能力解决这件事情，主动去和老师谈谈吧！"

他点点头，回到班里去了。

随着孩子年龄的增长，我们给予他们的耐心和客观审视往往在降低。还有许多时候，我们内在没有长大的部分，会在和孩子碰撞时跳出来，与孩子的情绪共生，会用那种曾经在创伤中的情绪能量去对待孩子。

与停留在成人内心的创伤一样，被成人忽略的那些小事，会放在我们的孩子心里，久久无法迈过。所以我总是提醒自己重视孩子的各种情绪，看到那些情绪时，放下自己的经验，停下来，关照他、聆听他、陪伴他。有时，你只是听着孩子回顾一遍他的经历，他就已经重新蓄起了能量去面对自己的困难。

在后来鸣宇与老师的沟通里，老师意识到了自己的情绪带给事件的影响，她向孩子道歉，并得到了原谅。

我喜欢社会课

一到四年级的孩子们有自然和实验课，五年级、六年级有社会课。社会课除了教材本身的内容，学校还增加了地理和历史的内容。

社会课课堂学习由老师分享和孩子们分组分享不同的内容来完成。孩子们普遍对社会课兴趣浓厚，他们小组合作，查资料、做课件、绘制思维导图。

最后，孩子们站在讲台上，将自己组完成的展示资料配合讲述，分享给其他同学和老师，分享的内容高度整合了前期的资料，在文字能力、语言能力、逻辑思维能力上都有要求。这个历程让孩子们越来越有合作意识，动手能力也越来越强，展现出更多的自信和大方。

每次社会课，五年级的丁丁总会选择坐在离讲台最近的地方。他听课很专注，笔记做得很认真，回答问题踊跃，并且喜欢主动分享，表现很突出。一天课间，我和他聊了一会儿。

“丁丁，你喜欢社会课吗？”

“喜欢。”

“为什么喜欢？”

他想了想，说：“因为能收获到很多历史和地理知识，和别人交流时，也能分享。”

“历史部分让你印象深刻的是什么？”

他思考了一会儿：“我印象最深的是烽火戏诸侯。”

“你能给我讲讲吗？”

他滔滔不绝地讲了起来，叙述完整，条理清晰。我真诚地表达了对他的欣赏。

我接着问：“地理部分你对什么内容印象深刻？”

他想了想，然后说：“高原。”

“为什么对高原印象深刻？”

“因为我爬过很多山。爬亚丁山，爬到4000米时，我的头很晕，但爬到5000米时，我又正常了。”

“你还爬过什么山？”

“珠峰大本营，海拔5300米。纳木措，海拔4718米。还有拉母那措，我爬完一遍没过瘾，又爬了一遍。”丁丁如数家珍，脸上散发着喜悦的光彩。

“丁丁，爬山为你带来了什么呢？”

停顿了一会儿，丁丁说：“它让我的心里很敞亮，还让我很自信。”

九至十二岁阶段的孩子，涉猎知识的范围迅速扩大，直至宇宙本身。学校开设的课程应当广泛、丰富，学科之间应多进行交叉合作的探究，为他们创造一个可以进行智力漫步的条件，让他们在做中整合，在探究中学习。这样也为孩子青春期到来时，内在想要更多地参与社会活动打下基础。

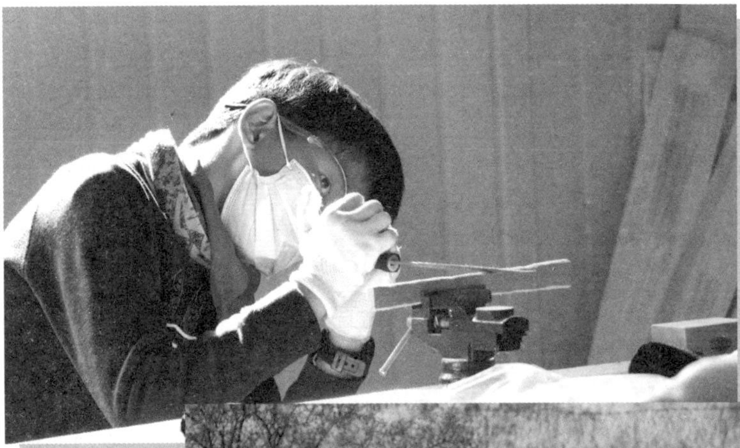

我们有不同的观点

学校设置了讨论课，每个年级每周都有一节。讨论课的内容有三部分：第一部分是对于价值观的讨论，第二部分是语文单元里的核心问题，第三部分是班级里日常发生的问题。设计讨论课的目的，是让孩子们学会思考，透过自己与他人的不同观点，去了解每个人看问题的不同角度。

讨论课规则

1.我的批评是针对人的想法，而不是针对人。

2.我的目的是得到最好的和最有可能实现的结果，而不是赢得讨论。

3.我鼓励每个同学参与讨论，并通过参与来学习。

4.我认真倾听每个人的想法，即使是我不认同的想法。

5.如果有人还未清晰地表达自己的想法，我会请他重新叙述，并且努力理解他。

6.我在做出判断之前，会听取每一种观点。

7.如果有证据证明我应该改变自己的想法，那么我将改变。

每一节讨论课，针对主导老师设计的讨论话题，孩子们各抒己见，从不同的角度，发表不同的观点，配班老师会做原始的记录。比如，六年级的孩子学习完名著名篇单元后，我利用讨论课进行了单元核心问题（基本问题和疏导问题）的讨论——

1.为什么名著名篇会受到各国人民的喜爱？

良：通俗易懂，特别感人。

奕：因为外国名著写得非常富有哲理；中国名著蕴含着历史文化。

聪：内容丰富，有感情色彩。

源：让人感觉深入其中，并懂得一些道理。

明：词语优美，有意境。

溶：不同国家文化不同，作品也不同。

斐：不管是虚构的还是真实的，都有吸引力。

琪：一些人物的描写淋漓尽致，有真实感。

涵：销量好。

君：因为其中蕴含着一些道理。

禹：写得好。

晴：可以让人们了解不同的国家。

洋：写得好。

源：作品不牵扯复杂的事件，各国人民可以交流，作品境界高。

喆：获得人生的道理。

琪：会对读者有益，受启发，积累一些词语。

熙：词语、句子优美。

婷：因为经典。

葆：把人们当时向往的东西表达得淋漓尽致。

轩：给人传递一种精神、一种感情，可以获取知识。

豪：从另外一个方面来了解这个世界。

2.为什么说这些作品是“人类共同的精神财富”？

源：不分国界，不分贫富贵贱，想读的人都可以读。

豪：书比较纯净。

葆：每个人的想法不一样，写作风格不同，都可以留给后人看。

熙：人是会死的，但精神不会消失。

琪：作家创作的名著是属于世界人民的。

喆：这些作品是每一个作者的真实写照。

晴：没有任何限制，都可以读。

君：无论你是谁，环境怎样，都可以读。

涵：什么人都可以看，还可以作为工具书、参考书。

斐：阅读是任何人都可以进行的活动。

聪：作家花了很大的精力创作作品。

奕：一个人的精神也许在现实中无法满足，但在书中你的愿望可以得到满足。

3.分享一部你读过的经典文学作品。

良：《小公主》《凡尔纳作品集》，最初觉得文字太多，但读着读着就进去了。

琪：《小王子》，感觉非常舒服。

熙：《一千零一夜》，感觉很神秘。

源：《鲁滨孙漂流记》，仿佛跟着主人公一起在荒岛生活。

葆：莎士比亚描写人物的感情可以渗透你的内心，感觉非常真实。

琦：《黑骏马》，把马的世界描写得很细致，书里有很多伤感的描写，我看的时候，哭了好几次。

聪：《夏洛的网》，让我回味无穷。

轩：《相约星期二》。

豪：《凡尔纳三部曲》，凡尔纳很有预见性，在当时就能预见现在发明的东西。

喆：马克·吐温的小说，看到贫富之间的差别，感觉很气愤。

奕：《八十天环游地球》，自己像一个旁观者看着故事中的人物，感觉特真实。

明：《吹小号的天鹅》，我觉得故事非常奇妙。

溶：《雾都孤儿》，我觉得那个小男孩很可怜。

斐：《假如给我三天光明》，海伦·凯勒想看到光明和世界的那种精神，令我感动。

源：《爱的故事》，感觉很感动。

讨论结束后，老师会为孩子们提供一两个经典观点。这些观点是不论对错是非的，我们希望在同一主题下讨论，让孩子们同时看到自己的观点、别人的观点、经典的观点是共存的，每一种声音都是可贵的。这节课我为孩子们提供了两个经典观点：

1.读一本好书，就是和许多高尚的人谈话。——笛卡尔（英国）

2.人们最高精神的连锁是文学，使无数弱小的心团结而为大心，是文学独具有力量。文学能揭穿黑暗，迎接光明，使人们抛弃卑鄙和浅薄，趋向高尚和精深。——叶圣陶（中国）

HELLO

孩子的语言

“我喜欢旅行，因为能看到许多美丽的风光，还可以增长知识，又能放松心情。还有一个可能让人不太理解的原因是，可以住到车里、酒店里、帐篷里。我不知道为什么会这样，放着家里温暖的床不爱睡，却爱出去，到别的地方睡。只是，当你旅行回来后，回到家里再回忆，有种温暖的、让人说不出的感受……”

“我喜欢看书，是喜欢那种融入书中的感觉，那种安静的感觉，好像世界上只有我、书和书中的人物；我还喜欢幻想，在幻想的世界里，什么事都可能发生——没有作业，没有复杂的人际关系，没有所有不好的、你不希望发生的事……”

“我喜欢打篮球，在球场上无论你的队友在生活中哪里冒犯了你，你都要不计前嫌地配合他。在球场上所有人为了一个球争来夺去，真的很有趣。在球场上你总有一种想怒放的感觉，让人不由自主地爱上篮球。”

3

第三篇

致父母

觉察之光

一位家长突然从深圳到访，了解我们学校招生的情况。

我停下手中的工作，与她相对而坐，听她说对教育的看法以及她当下的需求和疑惑。我察觉到她的神情中有一种不知所措和紧张，我以为那是每一个来学校咨询的家长的常态。但转瞬间，我产生了一个觉察——我认真看着她的表情，一定很严肃。

我放松了一下自己的身体，提醒自己再柔和一些。我继续仔细听，同时保持这份觉察。慢慢地，我发现她也变化了——语速放慢了，身体绷得也没那么直了。

交流一会儿后，她的语速突然又加快了，问："机构为什么不在深圳办一所小学呢？深圳的家长很支持这个教育，他们愿意出钱出力……"

我有些蒙，满脑子都转着一个问题："我该如何回应她才是恰当的？"接着，我只能看见她在说，已经不能真切地听到她具体在说什么了。

我再次调整呼吸，觉察自己，脑海里突然出现一句话：“当我真的有爱时，我会在你说话时凝视着你，我会试图理解你在说什么，而不是在准备怎样回答。”

于是，我集中注意力，保持中正，放下经验，重新倾听，尝试理解她的角度。其后的沟通，我们一直很通畅。

这是一个新的早晨，带着新的体验，新的开始。也希望更多的老师和爸爸妈妈们加入自我觉察的队伍中来，让这个有孩子的世界里拥有更多的觉察之光。

开启幼儿园的新生活

我在幼儿园做一线教师七年，带过许多新孩子，几乎没有一个孩子刚来时是不哭的。

与爸爸妈妈分离一天的焦虑，对新的环境没有安全感，陌生的老师，原有的秩序被打破……孩子所有的不适都会用哭表达出来。所以，在我们的幼儿园里，每个班每一周都只安排一个新孩子入园，由一位专职的老师负责带这个新孩子熟悉环境、了解规则，建立起对老师和幼儿园的安全感。

老师每天会陪着新孩子去面对和爸爸妈妈的分离，陪着他难过、伤心、生气，等着他情绪流淌过去，再带着他在幼儿园里到处看看，为他介绍每一个房间、用品，介绍学校里不同岗位的工作人员，陪伴他的一日在园生活，帮助他去照顾自己。这样的陪伴，少则两周，多则一个月，孩子在哭泣、不安、焦虑中不断体验和释放，这是孩子迈入幼儿园新生活的第一步。

当孩子在老师的陪伴下建立起对老师、对幼儿园环境的安全感后，孩子就会放开老师的手，和其他小朋友一起，开始在园的一日生活。早餐、主题课、工作（日训、感官、数学或者文化教具自由选择）、活动、午餐、午休、下午课（按年龄设置课程表，内容包括概念、语言、自然、家政、绘画、手工、奥尔夫音乐）、活动、晚餐、离园。

日复一日有规律的生活，孩子就建立起幼儿园生活的习惯与秩序，幼儿园的生活成为他生活中的一部分，幼儿园被纳入他的生命里。如果孩子在家庭和幼儿园环境中都能得到爱、关注、陪伴，他在幼儿园的生活是自由的，他就会按照自己内在精神胚胎的指引，自发选择能够帮助他进行自我建构的工作、活动、人际交往，一步一步地发展和建构起自己。

孩子初入幼儿园的爸爸妈妈们，其实也和新孩子一样，面对着一种新的境况。每天送孩子到幼儿园分别时，看到孩子哭得稀里哗啦，总会有一份心疼、不舍和焦虑。孩子会用哭来宣泄自己的不适，哭完了慢慢就接纳了；父母的紧张和焦虑有时却埋在潜意识中，影响着自己和孩子的生活。

所以，爸爸妈妈要学会用行动去调整自己的焦虑：如果对幼儿园的环境、管理不放心，就在送园前去充分考察、了解这个幼儿园，为孩子选择一个你能放心的地方送过去；如果爸爸妈妈在心理上和情感上对孩子有担心和不舍，那么去找个伙伴倾诉也好，自己陪伴自己也好，去转化你的这个能量，不要让这种潜在的焦虑影响你和孩子在这个阶段的适应。

父母对自己心理上进行调适后，还可以做一些具体的事情。比如，入园前带着孩子多去几次，熟悉环境，陪着孩子在幼儿园里玩一玩；入园后每天按时送孩子到幼儿园，分别时如实告诉孩子自己要离开，下午会在什么时候来接他，并说到做到，让孩子生活在确定、可知的环境中；在孩子入园的第一个月，下午接孩子的时间从稍早一点儿逐渐过渡到正常时间；晚上在家全身心高质量地陪伴孩子，如果孩子表现出不安、烦躁、愤怒、难过等情绪，倾听他，在行为、情感和语言上都让孩子感受到爱和自由。

这些事都可以帮助孩子去度过分离的焦虑。当孩子某一天早晨在幼儿园门口与爸爸妈妈分别时，能愉快地说出“再见，下午早点儿来接我”，他就开始走向崭新的、独立的幼儿园阶段了。

爸爸，你有两颗心

幼儿园大班的社会实践课，我们带着孩子到书城参加活动。活动内容是进行百科知识贴画。孩子们自己动手，每人贴一本，孩子可以带走自己贴的那本。

活动结束时，欣欣带着自己的那本书，回到了班里。过了一会儿，她喊我："段老师，帮我贴一下好吗？我找不到了！"

原来，欣欣的书贴好了一部分，另一部分还在进行中。我帮她翻到和她手中拿的那一张配对的一页，对她说："请观察。"

她说："老师，你和我一起贴吧！有的我都贴出线了。"

我坐下来和欣欣一起贴画，她仔细专注地贴着，时间悄悄过去，一本书终于贴得差不多了，也到了回家的时间。孩子们都在自己整理书包，欣欣要坐校车回家，她走到我面前将她的书递给我说："我不想带回家，小弟弟会撕掉的！"

我有点儿惊诧，刚才贴画的时候，我能感受到欣欣很有成就感。

欣欣为什么不愿意将书带回家呢?

“欣欣，你告诉妈妈这是你的东西，如果你不愿意给弟弟看，可以让妈妈放到弟弟拿不到的地方。”

“不行，妈妈会拿给小弟弟看的，小弟弟看完，就会撕的！”欣欣边说边露出无奈的神情，而她手中的书也仿佛烫手的山芋。

“欣欣，你先放到自己座位里吧！”听了我的话，欣欣如释重负，然后将书放到自己的桌仓，和我道别后离开教室去坐校车了。

看着她离开的背影，我想起两个月前的一件事。开花店的非非爸爸送给每个小朋友一个“小花农”，拿到“小花农”的孩子都兴高采烈地向老师询问种花的方法，唯独欣欣一直不开心。

欣欣将“小花农”递给我说：“段老师，我不要，小弟弟会弄坏的。”

我和徐老师对欣欣讲了种植“小花农”的乐趣，她仍坚持不要，直到我接过了她的“小花农”，她才舒展开一直紧皱的眉头。

我还曾听到欣欣对小朋友说：“我妈妈什么都不干，就带着我的小弟弟，她也不上班。”

和欣欣在一起，我偶尔会感受到她有一份失落——因为弟弟的降生，她的生活发生了一些改变。在她的眼里，妈妈的注意力似乎都放在了弟弟身上，对她有些忽略。她的许多担心都来自小弟弟。在幼儿园里，她呈现的只是一部分，我不知道她在家里，是否还发生过什么类似的事情。我总想做点儿什么来改善一下她的这种状况。

再遇到欣欣妈妈来幼儿园接欣欣时，我就如实告诉了她发生在欣欣身上的这几件事情，建议她每天专门抽些时间陪伴欣欣，关注一下欣欣的心理和情绪。欣欣的妈妈有些尴尬，她频频点头表示认同，沟通结束后，她逃也似的带着欣欣离开了。

家有二孩，也很不容易吧。欣欣妈妈也许并没有意识到她的做法给孩子带来了焦虑和不安，而我与她沟通的内容，也可能让她产生一种自己没做好的感觉。但实际上，这无关对错，无关好与不好，一旦家里有了一个以上的孩子时，父母精力有限，往往不能用始终如一的态度对待每一个孩子，无意中就容易偏袒小的或者与自己最合拍的那个孩子。

有位家长曾经告诉我，他的大儿子会忧伤地对他说："爸爸，你有两颗心。一颗是对妹妹的，一颗是对我的。对妹妹的百依百顺，对我的就有很多要求。"

这位家长因为大孩子的这句话，难过了很久。

我问他："那你都做了些什么呢？"

那位爸爸说："我现在会经常提醒自己去关注大孩子。"

每个孩子都需要明确自己在家庭中的位置，父母则需要有意识地调整自己，确保孩子在家庭中的位置能够让他们感到安心和放松，让他们感受到自己拥有不可撼动的位置，这样他们才会把注意力放在成长自己上，兄弟姐妹之间也会产生更多爱的连接。

我想，这才是学校和父母之间沟通的意义所在。

因为我爱你

我到水果店里买水果，听见女老板对着里面厉声说话："我跟你说，你别在那儿折腾来折腾去的！"

靠近楼梯口处，一个五岁左右的小男孩，手里拿着玩具，半趴在一张小桌子上，身体上上下下地蹭着桌子。他似乎没有在意妈妈的话。老板边给顾客称水果，边回头没好气地看着孩子："你听见没，别在那儿折腾！"

这一次，孩子抬起头来，对妈妈笑着说："你别在那儿折腾。"

老板更加生气地说："你别学我说话。"

孩子继续笑着说："妈妈，你知道我为什么学你说话吗？"

老板白了孩子一眼："为啥？"

孩子笑着说："因为我爱你！"

顾客们都笑了，老板却哼了一声："你少来这一套。"

孩子又重复了一遍："妈妈，我就是爱你。"

老板这一次没说话。

称完水果交钱时，我本想对老板和小男孩说些什么，看见店里人多，我最终选择提着水果走了。可我想说的是什么呢？

是对妈妈说“你的孩子在向你表达爱，你也要向他表达爱”，还是对孩子说“你妈妈肯定已经收到了你的爱”呢？

我相信绝大多数生命一定是经由爱而来到人世间的，在小婴儿出生后最初的日子里，决定他生存下去的就是父母对他充满爱意的照顾，这种爱和照顾好似外在的子宫，让婴儿安全地归属在里面，全然地体验着自己的人生之初。

婴儿唤醒了父母的爱，而父母对婴儿爱的照顾也发展了婴儿爱的情感。这是父母与孩子连接最好的阶段，爱就是爱本身，没有要求，没有评判，没有冲突。爱和爱流动着，彼此悦纳。

但随着时间的推移，孩子渐渐长大，能独立行走，能用语言表达自己，开始拥有自己的想法，要实现自我意志的时候，父母对于孩子的爱就有了越来越多的附加项：

如果你听话，爸爸妈妈就……

如果你不哭，爸爸妈妈就……

如果你配合，爸爸妈妈就……

这样的爱已经脱离了爱本身，包含着太多附加的条件和交易，不断制造着你的需求与孩子自我需求之间的冲突。如果这样的方式成为我们生活的习惯甚至一种固化下来的模式，成人就会心安理得地打着爱的旗帜，做着暴力和伤害的事情。

但对于孩子来说，当他们仍是孩子，爱仍是他生命的本能，爱仍然纯粹、全然。所以，无论他们被怎样对待，他们依然会深情地说：“我爱你啊！”

如果爱是一种能力，需要学习，那么你的学习对象正是你的孩子。

别吝惜对孩子的赞美

“你看你，就会说‘不知道’！”

“我看你算是完了！”

“你把我的人都算丢尽了！”

……

我带着女儿在粥饼店就餐，等待上餐时，邻桌一对夫妇教育自己孩子的话语声声刺耳。眼见着暴力，我却无法制止，赶紧先带着女儿走到屋外。

一年级时，我的音乐老师曾对我有一个评价：“把你挑出来，没想到你的舞跳得这么差！”从那时直到现在，我不仅不喜欢跳舞，而且非常害怕集体活动中有这个项目。这仅仅是一位老师不经意的评价，却影响了我半辈子。一个孩子如果生活在不断的指责中，那些指责的语言就像黑色的能量，会一直笼罩着孩子，孩子会不断地暗示自己：我不够好，我不行，我很差……

在我的工作经历中，我们幼儿园孩子的家长从自身文化素养到个人意识状态，都已经能给予自己的孩子很好的语言和心理环境。但是依然有许许多多的孩子不被善待，而他们成年后就是未来的社会环境，也是我们自己孩子的生存环境。这就是我努力做教育传播工作的意义所在。

作为成年人，我们都有责任去影响更多的人——让他们鼓励和欣赏自己的孩子，别对孩子恶语相向，别吝惜对孩子的赞美。一个孩子爱自己、欣赏自己、支持自己，一定是从最亲的人对待他的方式开始的。

失去自由的女孩

那是在几年前，我在车站等车，一位三十多岁的母亲带着一个三岁左右的女孩，也在等车。

女孩从右边口袋里掏出一个东西，正拿在手上看，妈妈说："装到口袋里，回家再吃。"一边说，一边拿过去帮她放回口袋。但女孩依然想把东西拿出来，妈妈就在旁边一直制止，要求她装回口袋，反复数次。

这不是一个很特殊的场景。父母有自己认为对孩子好的方式，这些方式不容置疑，孩子对自己的物品没有支配权，孩子身体的感觉被忽略，孩子完全没有自主权。

小女孩等车的时候，想看一看自己的食物，可能下一步就想去品尝，这是她当下的需求。那个东西是属于她自己的。但妈妈认为不该吃，妈妈的意志覆盖了孩子的需要，她让孩子把东西放到口袋里，回家再看，回家再吃。小小的女孩力图使用自己的意志，所以她不断地想拿出来。

如果一个小朋友在长大的过程里想使用自己的意志去完成一些事，却不断被打扰、不断被替代、不断被压制，会得到什么结果呢?在我的经验里会有两种可能性。

第一种可能：他必须加倍努力去抗争，他必须在这一主题下为自己穿上盔甲，战斗成为他生命的主题，他不得不把注意力放在对抗上，很难专注于自己正常的需求和发展轨迹。

第二种可能：孩子不断被剥夺自由，他只能放下自己、服从决定自己生存的人，由他人去安排自己的生活和人生，努力成为父母想让他成为的样子，远离自己。

爱和自由的教育认为，儿童拥有自己的精神胚胎，儿童的成长是一个自我教育、自我创造的历程。而爱和自由，是保障儿童成长的重要环境。所以儿童应该享有身体的自由、情绪的自由、感觉的自由、心理的自由、认知的自由、精神的自由。养育者的意识决定了他能否为孩子提供一个自由的环境。

孩子为什么发脾气

情绪是儿童自我疗愈的通道，也是扩大心理空间时的一个过渡和出口。有些情绪的表现是欢笑，有些情绪的表现是哭、闹、发脾气。尤其是发脾气，父母常会为此感到恼火，一是觉得孩子不讲道理；二是觉得自己很失败，怀疑是不是教育出了问题。更多的时候，父母是感受到自己的权威被挑战了，无意识地就会恼火。

孩子发脾气都是有原因的，我们需要了解孩子为什么会发脾气。

早晨起床就是一个孩子容易发脾气的时间。一个幼儿自律地早起，然后准备上幼儿园，这是一种不切实际的幻想。许多时候，他们是在半梦半醒中被大人叫起来的。这种情况下，不管是幼儿园的小孩子，还是小学生，还是成人，都不会很愉快。而对于幼儿来说，这个时间又是一天中要与父母分离的最初时刻，他们会面对分离产生焦虑，年纪越小的孩子焦虑会越大。

老师早晨站在幼儿园门口跟孩子说“早晨好”，没有几个孩子会愉悦地回应他。那不是因为孩子们缺乏礼貌，而是他们的情绪还没有调整过来。许多孩子一早在家里就开始发脾气，来到学校会继续发脾气。

当幼儿困了、累了、饿了、渴了，或者有身体上的不舒适，当他们并不能用语言去很好地表达自己，就会通过发脾气来表达自己的需求。你觉得孩子脾气非常暴躁，但你并不知道他只是累了、饿了或是想睡觉了。

我的孩子小的时候，语言发展得非常好。即使如此，当她瞌睡却又不想睡觉时，也不会用语言理性地说出她的感受，而是哭闹、发脾气。一天中午，她特别困，但是依然要求我给她读书。听了一会儿，她的瞌睡劲儿过去了，她就起来说：“妈妈，我要上卫生间。”她下了床，穿上鞋，然后告诉我说：“妈妈，上完卫生间回来，我不躺、不睡，也不眯。”女儿小的时候因为困了不想睡，对“睡觉”这个词特别敏感，我们就总是告诉她说“眯一会儿”。她听了故事后睡意已经过去，所以情绪才平和下来，这时就能用清晰的语言表达自己的需求。

孩子的节奏被打乱了，也会发脾气。我常常说“成人习惯于带着孩子做人生的跑步旅行”。什么意思呢？就是我们经常会用我们的节奏去要求孩子。一个“熊猫妈妈”生了一个“猴子孩子”，他们可能相处得非常和谐，因为“熊猫妈妈”自己慢吞吞的，她不在意孩子节奏的快慢。但是如果是一个“猴子妈妈”生了一个“熊猫孩子”，妈妈就会经常用猴子的节奏去要求熊猫。对于孩子来说，真的太痛苦了，因为他根本无法跟上妈妈的节奏。

幼儿园有一个孩子说过一句话，让他妈妈很长时间都无法释然，他对妈妈说："妈妈，我到现在才听懂你讲的是什么意思。"这个孩子曾经被妈妈指挥着做这个，做那个，但是妈妈的节奏太快了，孩子根本不知道妈妈究竟要让他做什么，所以孩子发脾气，妈妈也发脾气。

我们其实都喜欢用自己的节奏去要求别人，我也是如此。但我们要有意识地去叫停，当你发现孩子恼火又沮丧，你去觉察一下是否自己又把孩子的节奏打乱了，要允许孩子发脾气来宣泄自己的情绪。

孩子的内在需求不被理解时也会发脾气。比如，0～6岁，孩子都喜欢反复读同一个故事，做同一件事情，喜欢重复工作，但是家长并不理解孩子这个需求背后的秘密，认为做完一件事就该做另一件了，读完这本书就该读另一本了，为什么总是做同样的一件事？家长会感觉无聊，不愿意配合，孩子就会很难受。

但重复工作是儿童的智力体操，在不断的重复中，孩子在发现事物的秘密，建立起自己的认知结构。所以孩子对事物好或坏、有意义或无意义的衡量标准，与父母有着巨大的不同，他们的这一部分需求就容易被误解、被忽视，甚至被破坏。如果孩子还有力量，就会用发脾气来表达自己的愤怒。

成人的期望值太高也会让孩子发脾气。孩子既有自己的成长目标，也重视父母设定的目标。他们希望父母对自己满意、为自己骄傲，不论你是否看见了，他们都会为此很努力。这是孩子对父母的爱。无论是哪个部分，当目标无法完成，孩子就会心情沮丧。如果孩子还小，他们可能会哭闹，但是如果他们年龄和力量大了，就会发脾气，有时是借助一些与这件事无关的，非常小的事情发脾气。他们发脾气的对象总是最有可能理解和接受他们的成人，成人的倾听会让孩子走出那种力求完美而不得的无助情绪中。

克里希那穆提在《一生的学习》中写道："成年人喜欢让孩子成为自己卑微自我的延续。"我们常常不能允许孩子成为他自己，那个独一无二的自己，我们不去看孩子内在的成长计划、成长目标，而是更希望让孩子去实现我们对他的设计，我们给他的目标，甚至还有许多是自己没能实现的目标，这是极不公平的。

回到最初的话题上来。当孩子发脾气时，我们不要急着解决问题，不要去追问责任，放下我们的经验和评判，去看看孩子为什么发脾气。理解之门等待着被你推开。

倾听孩子小贴士

1.我们发现自己的孩子此刻在发脾气，提醒自己：他在用这样的方式宣泄自己，为自己的情绪找一个出口。他此时的脾气和愤怒也许也让我们感到痛苦，但是要尝试着去理解。关键点是保持正常呼吸，去观察自己，不要让自己的情绪搅入孩子此刻的问题中去。

2.发脾气的孩子通常会有一些攻击性的行为，这个时候你需要靠近他，但是别试图用语言去说服他和安慰他——“这没什么大不了的”只会让他更愤怒。先让他的情绪在发脾气时流淌出来，给孩子调整的时间和空间。

3.孩子不会挑时间、地点去发脾气，如果是在公共场合，我们先要把孩子带到相对私密一些的空间。因为大庭广众之下，孩子在发脾气后会感到尴尬，而我们自己也会因为打扰到别人或被别人打扰而不能全心倾听孩子。

4.不要在时间上设限。孩子发脾气的时间有时会持续5分钟、15分钟甚至更长，但是你要相信，发脾气的整个过程是会过去的。一旦你给自己时间长度上的暗示，就无法全然倾听孩子了。

5.不要期望你的一次倾听就可以解决所有类似的问题，孩子会一次又一次地用这样的方式去面对自己的各种困难，一次又一次体验。这个时候你不会离开他、指责他，你会陪伴他度过所有这些艰难的时刻。每一次倾听都会为孩子带来一个更大的安全感和心理空间。

6.当你没有做好准备，没有充足的时间时，不要逼自己一定要去倾听孩子。坦诚地告诉孩子你的需求和情况：“今天我需要做××事（今天我真的很疲惫），不能很好地倾听你，但是我爱你。”不要苛求完美的孩子，也不要苛求自己成为完美父母。

孩子从父母的情绪中认知自己

成人就是儿童成长中的生态环境，成人的情绪状态也包含在其中。我们期待孩子生活在一个平和的情绪环境里，希望孩子在情绪发展的过程中能够得到来自成人平和的、成熟的情绪支持和滋养，陪伴儿童走向他自己情绪的深处。

但成人往往会先迷失在自己的情绪中，再跨越界限，任由自己的坏情绪侵入孩子的世界，让孩子生活在我们的情绪之下。

一个妈妈对着自己三岁多的女儿说："你怎么这么讨厌！"孩子立刻伤心地哭泣起来，妈妈接着又满脸愤怒地对孩子说："你再这么讨厌，我就不要你了。"

从妈妈的情绪和话语里，孩子收到的信息是：我不好，我很讨厌，因为我讨厌，妈妈不想要我了。

儿童还没有能力去判断妈妈的情绪来自何处，更多的时候，他们会从成人对待自己的情绪中去认知自己。如果儿童长久地生活在成人起起伏伏的情绪环境里，为了求得自身的安全，就被迫习得了看脸色行事，会小心翼翼，逢迎讨好……他的幸福从一开始，就建立在了别人身上。

随着孩子不断长大，他们也自然地复制了成人的情绪模式，亲子关系里冲突不断。

一对母子，男孩七岁。孩子一直对妈妈说着负面的语言，而母亲则一声不吭地盯着孩子。我能感觉到她内在的愤怒，但是碍于在我的办公室里，所以表现得非常克制，并没有发作。孩子也很熟悉母亲的模式，眼看着他的愤怒升级，最后诅咒着吼出一句：“你就在这儿写吧！我再也不想看见你了！”然后摔门而去，妈妈坐在原地，继续吞咽着自己的情绪。

总是处在激烈的情绪环境中的孩子，无法专注于自己的成长和发展。当我们拥有了孩子，学习如何健康地和自己的情绪相处，有意识地管理自己的情绪，就成了为人父母的必修课。

父母的情绪如何不伤害孩子

情绪是我们生命中的一部分，从小到大，情绪都在帮助我们更好地适应这个世界。所以即便我们已经身为父母，愤怒、生气、沮丧、挫败、自责——这些我们眼中的负面情绪——一个也不会少。

过去很长的岁月里，这些情绪可能都在不知不觉中自己来了，然后又自己走了。但是，当我们身边有了孩子，我们就要让情绪走进意识中，当情绪来临时，有知有觉地迎接它，与它相处，不要让它无意识地泛滥开去，侵扰我们的孩子。

意识到情绪之后，就是如何做的问题了。我尝试着整理了一个流程：

1.当情绪来临时，深呼吸。

2.告诉孩子你此刻真实的情绪是什么，你需要时间和空间去照顾和调整自己的情绪。

3.对你的提议，孩子可能接纳也可能不接纳，不论是什么情况，不要急着解决问题。警觉自己是否又产生二次情绪，保持平稳的呼吸。

4.试着请家人先照顾孩子，给自己独处的空间。如果孩子坚持留在你的身旁，那么把注意力放在观察自己的情绪上，切记不要去评价自己、审判自己，也不要为自己的情绪找替罪羊，只是观察它。

5.继续深呼吸，看着自己的情绪，多给自己一些时间，等待情绪慢慢过去，直到平静。

6.让自己的注意力回到孩子身边，向孩子解释自己情绪的来由，从语言上为自己的情绪负责。

7.重新和孩子沟通，照顾孩子的需求。

如果我们能在生活中不断练习照顾和管理自己的情绪，这个方式也会被孩子学到；如果我们能够用爱自己的方式去迎接我们的情绪，孩子也会学会如何爱自己。

一个二年级小男孩，当我问他生气时怎样处理自己的情绪，他说："我打过靠垫，撕过报纸，最厉害的一次我跑到学校围墙那儿，对着墙和天空大吼了几声。"

我问他："怎么学会这些方法的？"

他告诉我，老师和妈妈都教过他，因为不能用自己的情绪伤害环境、他人和自己。

情绪帮助我们疗愈，但无意识地使用情绪，会将它变成我们伤害自己和别人的“武器”、模式。情绪是我们内在感受的外部呈现，情绪会来也会走，但我们依旧是我们自己。就像水中有鱼，鱼是鱼，水是水，既交融又独立。

令孩子不安的“如果”

小路东边站着一位中年女士，旁边的护栏上趴着一个边打电话边哭的小姑娘。我走过去，发现是大班的琪琪，旁边的女士神色尴尬。

我问那位女士：“你好！是你接她吗？你是……”

那位女士回答：“是我接她。我是她小姑，她妈妈今天有事，让我来接她，她不愿意。你是老师吗？你帮我和她说说。”

我走近琪琪，她一边哭一边对着电话说：“不行，你来接我，我想和你在一起，不想去小姑家……”同时用脚使劲地踢脚下的小石子儿。

我轻声对琪琪说：“你妈妈没来接你，你有点儿难过。”

琪琪转头看看我，停顿了一下，我又说：“因为你妈妈今天有事，所以才让你小姑来接你。”

琪琪继续哭起来，对着电话又好似对着我说：“不行，妈妈你来接我，我本来心情就不好，你又让小姑来接我……”

琪琪的小姑尴尬地说：“小姑接你不好吗？小姑又没对你不好！天这么冷，你站在这儿，你冷，小姑冷，老师也冷。我们回家吧！”

琪琪使劲地踢脚下的石子儿，哭着喊道："那你们都走！"

看着琪琪哭，我等待了一会儿。然后，对她说："你愿意把电话给老师，让老师和你妈妈说几句话吗？"

琪琪顺从地将电话递给我，我问："琪琪妈妈，早晨分别时，你是怎么和孩子说的？"

她妈妈说："我告诉琪琪，如果我有事，就让小姑来接。"

我又核实："你现在是肯定不能来接她的，对吗？"

她妈妈说："是的。"

于是我说："那让我来和孩子沟通一下，可以吗？"

琪琪妈妈同意了。我打电话的全过程，琪琪都在专心听，她渐渐停止了哭泣。

我征询琪琪："我们把电话挂了，老师和你交流一下，好吗？"

她点点头，我又说："这儿太冷了，我们到老师办公室去坐下说，可以吗？"

琪琪同意了。

回到办公室，我们坐下来。

我问琪琪："你刚才说心情不好，是发生了什么事吗？"

她说："就是担心妈妈不来，小姑来，结果小姑就真的来了，所以我的心情不好。"

我再小心确认："小姑来接你，会发生什么吗？"

她说："我就是想妈妈来接。"

我尝试帮她梳理，说："你本来就担心妈妈不来，结果妈妈真的没来，你又增添了失落，是这样吗？"

她点点头。

我说："你妈妈在电话里说，早晨她和你说好了，如果她有事，就让小姑来接你。"

她着急地说："妈妈说如果，没有确定。"

我让琪琪转过来，看着我的眼睛，对她说："妈妈说的话里有两个意思，第一个是：如果她没事，她就来接你；第二个是：如果她有事，小姑就来接你。你明白吗？"

琪琪显然听明白了，又有点儿想哭。停了一会儿，我对她说："我知道你很难过，今天晚上回家后，你可以和妈妈约定一下，下次如果她不能来接你，就确定地告诉你。好吗？"

她点点头。

"如果你需要我的帮助，可以随时来找我。"

她又点点头。

又停顿了一会儿，我问琪琪："你的情绪现在好点儿了吗？"

她点点头。

“那现在愿意和小姑回家了吗？”她再点点头。

我们一起出去，她走在最前面，她小姑在中间，我在最后。走到小路拐弯处，她回过头，对我摆摆手，我也向她摇摇手。

琪琪的情绪有两部分：对妈妈不来接她的担心和妈妈真的没来时的失落。当这两种情绪交织在一起时，孩子难以承受，于是以哭泣的方式来释放。

一段时间、一个空间、一个倾听者，她的情绪流淌出去，慢慢平静下来。这时，我再帮助她去厘清情绪和事情的经过，帮助她理解妈妈的语言。情绪完全过去后，琪琪开始接纳“妈妈没来接她”这件事，最终选择接受了这个结果。

当我们的内心有所渴望，我们听到的往往是我们最想听到的；当现实与我们的渴望不符时，就会难以接受，这个时候，无论是成人还是儿童，都需要时间和空间来面对、接纳和处理这个现实。

年龄越小的孩子在此方面越需要得到协助，所以尽可能地不要给孩子太多不确定的选择项，这会使他们时常处于不安中；不要在孩子愿望落空时急着讲道理，他们需要先照顾自己的感受和情绪，无法听见那些道理。

许多成人会在遭遇不确定时产生极大的焦虑或是其他过激的情绪，这恰是来自于童年未被关照到的不安。

孩子的兴趣背后

安安是我同事的孩子，三岁半左右时每天有一个秩序——早晨爸爸带他来幼儿园，他先到办公室和爸爸待一会儿，然后八点半早餐时间到，他爸爸会把他送到班里去，幼儿园一天的生活正式开始。

一天早晨，他到办公室后对爸爸说："爸爸，我想看火箭。"

我听同事说过，头几天安安在家看了火箭升空的电视报道，现在对火箭产生了兴趣。

我把电脑打开，在百度上搜索火箭升空的视频，然后帮他点开其中的一个。他坐在电脑前的椅子上，特别安静专注地看。

这样的情况持续了一段时间。一天早晨，办公室里的人都出去了，等我再回到办公室，安安正在用自己的手按住鼠标，试图自己点开百度上的视频。

成人用手按住鼠标点击是一个很简单的动作，但对小朋友来说，这个动作的练习才刚刚开始。所以这个情景就显得很有趣——安安是左利手，所以用左手按住鼠标。但点击的视频在屏幕的右边，所以他的嘴和头都向右边努着劲儿。

用了很大的劲儿，终于点开一个，他无比喜悦地说：“是我打开的！是我打开的！”

从这天起，安安看火箭视频的程序就有了变化——我帮助他进入百度，输入关键词搜索，其后那个具体的视频由他自己挑选，自己按住鼠标打开。

这样的情形又持续了一段时间。一天，安安点击了韩国的“罗老号”火箭升空视频。我们知道，这个火箭很不幸地在发射升空的过程中爆炸了。孩子目睹火箭爆炸以后先是很诧异，紧接着就开始大哭，一边哭一边说：“我不想让它爆炸！我不想让它爆炸！”

他哭了很长时间，他的爸爸一直陪着他，抚慰着他，等他平静下来，才把他送到班里。

从这天开始，又有了一些变化。安安每次来到办公室，会专门点开“罗老号”的火箭升空视频。每当爆炸的时候，他都会大哭，一边哭一边说：“我不想让火箭爆炸！”一次又一次。

一天晚饭过后，安安妈妈带着他去花园里散步，孩子买了个气球，吹好后就在院子里玩。玩着玩着，气球一下爆了，碎成很多片，孩子在气球碎的地方放声大哭。哭的时候，嘴里不断念叨着：“我不想让气球爆炸，我也不想让火箭爆炸。”

安安妈妈在自己的文章里记录了这件事。其中一个小细节，就是花园里正好有一个男人在打电话，听见孩子哭就躲得远远地打，孩子一直在哭，妈妈一直在陪着他，哭了很长很长时间。有多长时间呢？文章里写道：“那个男人打完电话，专门跑过来对孩子妈妈说：‘你们家孩子真能哭，我打了半个小时电话，他哭了半个小时！’”

这件事发生后，又开始有了变化。安安再点开“罗老号”火箭升空视频的时候，不再哭了。他会认真地观看，但他已经不哭了。

孩子开始拿纸和笔让别人帮他画火箭，李老师帮他画过，我也帮他画过。

有一次我说：“让你爸爸画吧，你爸爸是画家。”

他很认真地看着我说：“我想让你给我画。”

每一次画完，他都会让我在火箭上写上一些字。例如“USA”“罗老号”或者“长征三号”，每一个火箭都有自己的名字。

还有一次，我有些烦躁，帮他画火箭之前在纸上戳了一些小点点。

孩子问我：“这是什么？”

我说：“这是老师焦虑的点点。”

紧接着孩子把纸拿过去，也在上面戳了很多的点点，我吃惊地问他：“这是什么？”

他憨笑着说：“这是喜悦的点点。”

再往后，画火箭的时候，他会提醒我：“老师，你没有画助推器。”

再往后，同事从网上给孩子购买了火箭的拼插玩具。安安每天提着一个袋子来学校，把袋子里的玩具小零件倾倒在大厅的地板上，然后小朋友都围拢过来，在拼插的过程中，他给小朋友介绍：“这是火箭的头部……”

回溯安安和火箭的故事，我们知道，安安在自己的生活中自然地对火箭产生了兴趣，自由的环境给了孩子去探究自己兴趣的空间和时间。孩子看到“罗老号”爆炸视频是一个偶然事件，在此之前，孩子的心里只有成功的火箭升空，没有失败的。孩子无法一下接纳这个突发的情况，他痛哭，在哭泣中舒缓这种无法接纳带来的痛苦，在父亲全然的允许和陪伴下，重拾勇气。于是孩子自己不断去重复经历这个过程，去面对这个情景。生活中的另一个事件——气球的爆炸，再次触发这种痛苦，但母亲对孩子情绪的允许，帮助安安走完了这个心理过程。在他的生命中，火箭爆炸被完全地接纳——火箭升空有时是成功的，有时是失败的——孩子的心理空间变大了，认知结构也变大了，他对火箭升空有了更多细致的观察和发现。

我们看到安安对火箭的兴趣被父母完全地看到和支持到了，孩子主导着这个历程的进度，爸爸妈妈只是跟随着孩子的节奏去配合他的需求。他们不仅仅给了孩子情感的支持，还陪伴孩子一起去查阅了许多火箭方面的资料和信息，之后为孩子准备火箭拼插，在环境和材料的准备上，都极大地满足了孩子兴趣的发展。

但远不止此，这个兴趣发展的背后还伴随着许许多多情绪和情感的发展。安安能在我画火箭时认真地对着我说“我就要你画”，这无疑是孩子对老师的一份鼓励和信任；他用笔戳着点点说“这是喜悦的点点”，也帮助我从焦虑的情绪中转化出来；其后他借助于火箭拼插的话题与伙伴建立关系，在群体中建立自信心……这些都是兴趣发展历程中结出的果实。

然而有许许多多的孩子有着完全不同的经历。因为被家长安排好了生活，他们必须去做成人认为有价值的事情，没有机会专注于自己的兴趣；他们必须表露出成人认为合理的情绪，没有机会去走完自己的心理过程，连接自己内在真实的情感。

这些孩子的专注力和意志力，情绪和情感，以及认知的能力都会产生严重的问题，这就是为什么越来越多的人拥有丰富的知识，却缺乏常识、缺乏思考能力、缺乏情绪能力、缺乏意志力，因为他们所学和他们自己的生命没有产生关系。

儿童兴趣的发生是偶然的，但自由的环境必然让儿童找到自己的兴趣。一旦外在环境中的事物与儿童内在兴趣碰撞上、契合上，感觉、知觉、心理、认知、精神的成长就在这个历程中渐次发生了。

协助孩子交朋友

女儿十岁时在画画班学画画，她迷上了《动漫世界》，期期必买，不仅阅读其中的故事，还喜欢漫画中那些人物的造型，每周六她会带着书去画画班临摹。

班里一些同龄的孩子看见了，就向她借。第二周她带去了好几本，专门借给别人看，她很愉悦。

第三周，画画班的老师对她提出质疑："你带上一本就行了，带那么多干吗？"

第四周，她带了一本去。

老师的用意是希望孩子能专心画画，但我也知道女儿在画画班里还有另外的需求。她和那里的孩子并不十分熟络，把书借给小伙伴，就创造了和他们相互熟悉、相互交往的机会。

每个小朋友发展社会性交往，都会经历几个不同的阶段。

最初，幼儿会用零食、书、玩具来和伙伴分享或是交换，用物质的传递交到朋友，融入群体。

一个幼儿部的孩子爸爸曾经来找我，指责一位小学生有道德问题，因为他的孩子用一台很贵的遥控车跟这位小学生换了王牌（一种玩耍的卡片）和酸奶。我向这位爸爸解释，他的孩子所处的年龄段还没有“便宜”或是“昂贵”的概念，交换玩具的需求有两个：一个是他就是喜欢那些卡片和酸奶，只要是他喜欢的，对他来说就是最好的东西，他就会乐于交换；一个是他想要透过交换去交到朋友，和对方发展出一段关系，探索关系的秘密。

这两个需求都基于儿童有属于自己的物品才可能发展起来。属于自己的物品意味着他可以完全为自己的物品做主，包括交换和赠送。

“不要吃零食”“别浪费”“你的贵，他的便宜”“这样交换不划算”……这些都是成人基于自己的人生经验得出的结论和观点，但是孩子还在成长中，他的经历可能和你完全不同，他对自己的经历得出的结论也可能完全不同，我们应该把孩子经历自己人生的机会还给他。

五六岁后，儿童开始积极了解自己和他人的基本权利，喜欢挑战，也喜欢遵守、维护和共同建立规则，形成合作意识，这都是社会性兴趣发展的重要内涵。

所以，在我们的幼儿园里，为五岁半到六岁半的孩子设计的社会实践活动会围绕认识社会、了解社会规则、学习社会行为、体会社会性情感这四大部分来进行。比如，午餐前班级里会有服务生布置就餐环境。如果你看过孩子们做这些工作时愉悦的神情，就会知道“服务于他人”是人类的一种精神需求，是一件快乐的事情！

小学阶段，儿童的社会性交往也在向更高的层次发展，这时，他们已经有能力透过共同的兴趣爱好，向对方表达关心、关注等情感，从而去建立关系。

分享、合作、界限、妥协、包容，解决关系中的冲突，这些在生命中非常重要的意识和品质，必定是在真实的交往中去发展和形成的，而不是透过成人的语言教导去完成的。

作为孩子的爸爸妈妈，站在孩子的身后，让孩子自由支配自己的物品，在自尊和自信中去了解自己的权益，去认识他人，去探究社会和社会中的关系，就是父母对孩子发展社会性交往最好的支持。

家庭困境来临时还有教育吗

金灿最近上课的时候一直打扰同学，作业不按时完成，不能遵守规则，解决问题时不能面对。我向他的父亲了解情况。

金灿爸爸先是沉吟不语，后来缓缓道出家中目前的困境：做生意赔了很多钱，目前自己和妻子已经离婚，但因为种种原因，他并没有搬出去住。现在自己的精力都放在了重振事业、偿还债务上，没时间陪孩子；孩子由妈妈负责，但妈妈情绪不稳定，时常抱怨、指责住在一起的孩子爸爸，对孩子没有耐心，有时会打孩子；大人也经常吵架；孩子已经管不住了，周末在家自己弄抖音玩儿，一上午都很开心，写作业时就各种理由和借口，不愿写。

我理解了孩子在校的表现，也理解金灿爸爸目前的处境和困难。我想，人生不如意十有八九，遭遇困境从某种意义上来说是一种常态，但是在困境中的家庭就没有教育了吗？有的。

父母用什么样的心境、态度和行动去面对困难，就是给孩子的现实教育、挫折教育。一家人坐在一起，心平气和地讲讲家里的情况，分析一下可以如何共渡难关，需要每个人配合的部分是什么，让孩子清楚自己在这个阶段需要履行的义务和责任——他要学会如何计划使用和节省零花钱，如何安排自己的生活，怎样对自己的学业负起责任，什么游戏不能玩。与此同时，爸爸妈妈也应谈谈自己的责任，在家庭责任中的分工——除了经济上、家务上的分工，还必须都留出时间跟孩子一起活动、亲密连接。这个过程既引导了孩子，明晰了家庭规则，也会让一家人更紧密地相互支持。如果我们有意识地这样去做，你就发现这是可以实现的，而这个家就是一个有责任感、有规则、有秩序、有温情的家庭，这是一种真实、健康的生活方式、养育方式，它可以把理性思考、解决问题、合作与支持的礼物带到家里，带进孩子的生命中去。

即使父母离婚了，对于孩子来说，爸爸妈妈仍是他最亲最爱的人。作为孩子的父母，主动为自己的关系负起责任，就可以最大程度避免让孩子成为冲突的受害者。双方在一个屋檐下，却任由情绪、语言去攻击对方，这种没有规则、没有界限的关系对孩子的伤害就太大了。所以我们要学会去建立起一种新的、和平的相处方式，去确保孩子有一个安定、温暖的环境，这并不需要花很多钱，却能让孩子安心下来成长。

家庭的富裕与贫穷跟孩子的教育从来没有本质上的冲突，也绝不该成为家长不去履行父母职责的借口。孩子的成长不会等待，不会等待家庭条件好转了再从头开始。夫妻离异，经济重创时，彼此善待、彼此支持，就是给孩子的爱的教育。

如何为儿童建立规则

院子里两个五六岁的男孩正在使劲摇动人车隔离道上的圆柱子。我对他俩说：“小朋友，请爱护这些设施，它们不是用来游戏的。”

小男孩一边继续摇，一边看看远处，向我发问：“是不是保安要来骂我们？”

一对母子在BRT车站里等车。小男孩三岁多的样子，非常可爱。他在车站来回走动，游走时，走进了黄线内。

妈妈喊他：“宝宝，不能越过那条黄线。”

小男孩疑惑地看着妈妈，妈妈走过来，接着说：“快出来，要不那个阿姨会骂你的！”

小男孩顺着妈妈手指的方向，看到一位保洁员正在擦拭栏杆。

妈妈又说了一句：“快过来，再不出来，那个阿姨就要来骂你了！”

小男孩看起来有点儿害怕，后退了几步，拉住妈妈的手，时不时地看看那位保洁员。但保洁阿姨正投入在自己的工作中，对周围发生的一切毫不知晓。

中国有句古训“无规矩不成方圆”，讲的就是要给孩子立规矩，这非常有必要。好的规矩能让我们建立起保护自己的安全意识，建立起人和人相处的界限，建立人与环境之间的和谐关系。

上述场景的问题出在哪里？在于我们立规矩的方法是很不合规矩的恐吓。

这看起来极有效率，孩子似乎很快就“听话”了、“顺从”了，越小的孩子越是如此。问题是孩子总会长大，在恐吓中长大的孩子也学会了恐吓，甚至掌握了恐吓的要领。我们无法用一个没有规则的方式去教会孩子规则，他们终会用他们的方式与我们做斗争。一旦力量大了，他们就会抓住机会去挑衅规则；一旦感觉不到有威胁的人或事在身边，他们就会去钻空子、践踏规则，成为问题少年、问题青年，甚至是不讲规则的问题中年、问题老年。

用吓唬的方式立规矩，是人为地为孩子树立起了一个对立面，制造了人与人之间的冲突。

“不踏入黄线”，这个规则背后的含义是为了确保乘车人不会被卷入车底，也避免与下车的乘客相冲撞。所以乘车人是为了保护自己的安全而遵守这个规则，不是为了逃离保洁阿姨的责骂。

我们可以告诉孩子，站在黄线内离过来的车太近，会有危险。如果孩子不能理解你的语言，妈妈可以坚定地把孩子抱离黄线，先用你的行动及时制止孩子的危险行为，再带孩子一起观察车进站，乘客上下车的情形，在孩子可见的情形下，清晰、简洁地向孩子解释这么做的原因。

我们这样建立规则，孩子收到的是规则本身，还有妈妈想要保护孩子的那份爱。

所以，不要怕麻烦，去向孩子解释每个规则的意义。带着爱的能量，保持自己的清明，保持自己平和的情绪状态，允许儿童对规则有质疑，有情绪，有探索，有尝试。确定地、平等地与孩子一起履行规则。给予孩子空间和时间，在心理上去理解和消化规则。不断练习这么做，规则意识和规则精神就会在我们的生活里扎下根。

永远不要在意识和行动上，将规则当成一种制约孩子、让孩子听话的手段和工具。只有当儿童能使用规则来保护自己成长的自由时，规则的最高意义才凸显出来。遵守规则是人存在于社会中基本的道德素养，更重要的是，遵守规则的生活会节约孩子的成长成本，会使孩子成长为一个在心理和精神上都自由而有尊严的成人！

放松的家，有弹性的规则

通常我们遇到规则不能很好执行的情况，一是家长自己拿捏不准，觉得可执行可不执行，二是在明晰规则的时候，特别严肃。

我接触和观察到的情况基本上有两类。一类家长以前没接触过“爱和自由”的教育，当他刚有所了解后，就处于一种弥补的心理中，想弥补孩子过去没得到的爱和自由，完全忽视了规则。他不知道“爱和自由”还有下半段叫“规则与平等”。第二类则认为无规矩不成方圆，所以执行规则的时候特别严厉。但是家庭是一个让人放松的地方，在孩子全然放松的状态下，特别一板一眼地执行规则，效果往往不会很好。

所以在家里让孩子执行规则，应当考虑孩子当下的一些状态，比如年龄、接受能力等。比较重要的是要带着爱，关注孩子的情绪状态。规则是理性的，但孩子的状态不见得是理性的，要给孩子的情绪留空间，然后再去执行规则。实际上，在家庭中的许多规则大多是父母和孩子的一些约定，不同于需要确定执行的公共环境中的规则。比方说东西归位，今天孩子的情绪很差，这时候是不是非要强调将东西归位呢？不见得，生活就是这样。

一定要关注孩子的状态，根据孩子的实际情况去做约定。如果说家庭中一定要有的规则，那只有三条，就是孙瑞雪老师提出的：不伤害自己，不伤害别人，不伤害环境。同样地，如果孩子在家里情绪不好，发起脾气来，摔了东西，伤害了环境，怎么办呢？我们知道，孩子是在一种放松的状态下去宣泄情绪的，这时候义正词严地讲道理，告诉孩子不可以伤害环境，除了让孩子突然紧张起来，是无助于帮助孩子面对当下的情绪问题的。

但是如果你能先认同他的感受，告诉孩子："妈妈看见你很生气，妈妈陪着你。"然后守在孩子身边，用行动确保他不会造成对人、对己、对环境的伤害，给他时间和空间去调整情绪，等他情绪过后，再跟他说："摔东西会伤害自己，伤害环境。"他先收到了你的理解和接纳，这时候再去面对规则，他的理性和智慧就回来了，这时候就比他在激烈情绪状态下被喝令遵守规则更容易建立起规则意识。如果是在公共环境中，那家长就要先将孩子带去可以处理情绪的地方，再解决问题。

有的孩子会试探规则。他清楚规则，但不遵守，而是反复地试探规则的底线。无论是孩子还是大人，实际上都可能有这个状态——试探规则的边缘，获取自己的利益。试探会帮助孩子更好地确定规则的底线，底线是确定的界线，对于儿童来说，这是一种对规则的探索活动。这个和孩子的状态好或不好没有关系，考验的是成人的规则意识和情绪状态。

举个例子，如果我们出于经济的原因和孩子约定，每星期三可以买一样自己喜欢的东西，但时间还没到，孩子就想买。如果孩子特别需要，你可以告诉他，我们约定星期三才能买，但你看起来很急，如果选择现在买，那星期三就不能再买了，要等到下星期三才行。这样的约定是灵活的，但不代表你们不遵守那个约定，它考验的是成人的智慧。因为孩子看见特别想要的东西，不仅仅是一种心理的需求，还有其他的因素。

就像你送朋友一件特别漂亮的衣服，但是当她穿上时，屋子里没有镜子，她不能欣赏到自己的样子，这时候对她来说就是一种折磨。对于一个幼儿园的孩子来说，经常看到喜欢的东西，但是不能得到，同样是煎熬的。这时候，弹性在哪里呢？弹性就在于你要让孩子确定地明白你们约定背后的意义，在不破坏这个意义的基础上，具体的执行可以更多地照顾孩子实际的感受和需求。这样就是合理的。

了解孩子的需求非常重要，就像有的孩子故意破坏规则，是有其他原因的。如果我们把注意力放在执行规则上，孩子就会发现破坏规则的过程中他自己是非常有力量的，他就会尝试这样显示自己的力量。这时候他的行为已经超出了是遵守还是不遵守规则的范畴，变成用这个行为试探成人的反应，这是一个心理状态。

当他这样做的时候，他还在试探你对他的关注是否足够。如果把他的行为仅仅视为在挑战规则，是不准确的，我们应该把握孩子的心理活动。你会发现，所有的孩子都是这样，当你过分强调某一件事情时，他会以此获得你对他的关注。当孩子用这种方式获取我们的关注时，我们怎么做呢？

第一，我们要让孩子知道，无论他是怎样的，你都是爱他的，只是这件事不可以这么做，但你对他的爱不会因为这件事有改变。

第二，要协助孩子去遵守规则，让孩子在确实的行动中感受到自己有能力、有力量做好这件事情。

第三，成人要觉察自己的情绪。有时小朋友不遵守规则的行为特别容易把大人激怒，一旦你不去觉察和调整自己，而是任由你的情绪去推动规则执行，那小朋友接收到的就不再是规则本身，而是你的情绪。

第四，应该等情绪过去后，再确定地履行你们的约定。

比如说，当妈妈在工作时，小朋友来找妈妈，他其实是想获得一份爱、一份接纳，但是如果他进来的时候，你直接告诉他说："妈妈正在工作，请你离开。"你就会发现过一会儿他又来了，你会不断地被打扰。

但假如我们这样对他说："你想妈妈了是吗？妈妈跟你在一起待一分钟，来，妈妈抱抱你。"他找你的需求就得到了满足。这一分钟里，你跟他有个联结，时间到了以后再提醒他你们之间的约定："妈妈需要工作，你需要离开了。"

在幼儿园里，我作为老师去观察孩子，会积累许许多多的经验，这使得我能够更客观地认知孩子。但是父母观察孩子，对象不多，没有经验，难免在观察中混杂自己的期待和愿望。比如，我比较不能允许自己去讨好别人，当我看到孩子有讨好的状态，我就会特别不舒服，如果我带着这种心态去评价孩子，就是不客观的。所以爸爸妈妈一定要提醒自己，观察是基于你对孩子的爱，不是基于你的期待。放下你的态度，确确实实地和孩子在一起，你就会观察到孩子的需求和状态。

在规则面前，我们和孩子应当是平等的。但是执行规则时，很多时候我们处于强势，孩子处于弱势。这是造成我们执行规则时非常教条的原因。

我女儿特别喜欢随手放东西。我放东西总放在固定的位置，找起来很容易，但她不是，她找一个MP3都非常费劲。我一直试图说服她建立一个良好的习惯，找起东西来就会很轻松，就不用耽误那么多时间。

现在她长大了，她会对我说："妈妈，我和你是不一样的，我不是一型（九型人格中的一型）的，我不是特别爱整洁，所以你别要求我。"孩子的话非常有力量，让我反观自己，我有什么权利要求她和我一样呢？

站在你对面的儿童，究竟是什么样的呢？如果他已经足够有力量，就会直接把他的感受和想法说出来，但是如果孩子没有这样的力量，他是不是就慢慢变成了你的一部分呢？这是所有父母都该警觉的事情。

家长要和孩子共同遵守规则

规则是个永恒的话题。

多年前，在小学教师办公室发生了一件事情：Y老师上课去了，她的鸡蛋放在自己的桌子上。A老师用这个鸡蛋给办公室的老师演示一个实验。当Y老师回到办公室发现自己的鸡蛋被拿去做过实验后，她幽幽地说了一句："我们要求孩子遵守规则，不经过允许不可以动别人的东西，但我们自己原来可以不遵守……"

办公室里，老师们面面相觑。

幼儿班和小学都有一个教室规则：小声说话。当你进到一个班，如果发现几乎全班的孩子都能做到小声说话，那么这条规则已经在这个班形成秩序了。但如果你发现孩子大声说话是这个班的常态，老师需要不断提醒，你就再仔细观察——原来老师自己习惯于大声说话。

这样的例子比比皆是，似乎规则是为孩子而定的，而成人在做一个法官，一个监督和评判孩子是否遵守规则的法官。"法官们"并不在意自己是否遵守了规则，只有当孩子提出质疑时，才会被迫意识到自己在规则方面出现的问题。

让我们来看看规则的定义：规则是全体人共同遵守的具体规定，是保护全体人权利和自由的共同约定。在这个定义中，有几个关键词：全体人、共同遵守、共同约定。

如果家庭里建立的规则是“不看电视”，那么所有家庭成员都应该遵守这条规则。如果学校里确立的规则是“不经过别人允许不可以动别人的东西”，那么所有的师生都应该做到这一点。当全体人共同遵守每一条规则时，规则才能成为真正的规则。

一年级的主题为“自由与规则”的讨论课上，老师提出问题：“你认为自由与规则的关系是什么？请举例说明。”

孩子们纷纷发言：

“上课有发言的权利，但需要举手。”

“如果你遵守规则，那你拥有的自由就是无限的。”

“如果你损坏别人的物品，需要赔一个一模一样的。”

“在学校里可以自由玩耍，但要选安全的方式和朋友玩。”

……

虽然才一年级，但孩子们对于自由与规则的清晰度超越了许多成人。

让我们与儿童在规则的最深处相遇吧，我们会收获一个更为文明的世界。它不仅有助于儿童成长，也帮助我们再次成长！

如何帮助孩子顺利完成幼小衔接

到了六七岁，孩子该上小学了，从幼儿园步入小学，对孩子来说，并不是一个简单、轻松的过程。

他们首先要面对身体上的调适。相比幼儿园，对小学生的作息要求更高。早晨按时到校，一天有六七节课，一节课四十分钟。虽然课堂学习内容有静有动，但在每一个四十分钟里，如何有意识地管理自己的身体，集中精力参与课堂学习，对于六七岁的孩子来说，依然需要一段时间来适应。

其次是在学习方面的调适。小学课堂中，每一节课都有一定的学习目标，不像在幼儿园，学习没有需要明确达到的标准，父母对于幼儿也没有那么高的学习要求。但一进入小学，孩子不仅要面对自己的学习任务，从整个社会环境来看，对孩子的要求都开始突然增大，孩子不仅得不到理解和支持，还要承受自己学习之外的压力。在这个年龄段，儿童开始逐渐发展自身的勤奋感，如果缺乏支持，不断体验挫败和压力，他就会对新的环境和学习产生畏难情绪。

晚间的预习及家庭作业，对于初入小学的孩子也是一个全新的体验。独立完成家庭作业的能力是需要时间来培养的。最初做作业的时候，孩子是需要家长陪伴的。家长在旁边安稳地坐下来，自己也可以看看书，写写东西，这个陪伴的过程，一方面创造了一种共同学习的气氛，另一方面孩子遇到作业上的困难时可以及时得到父母的回应。最后，因为与孩子共度作业时间，父母更了解孩子的实际情况，就可以和孩子共同建立起一个符合孩子需求的学习规则。

再者是重新建立安全感和归属感。有的孩子在班里刚好遇到幼儿园就熟悉的小伙伴，可能就会适应得快一些；还有的孩子，社会性交往的能力比较强，也会适应得比较快；如果是一个全新的环境，完全陌生的群体，孩子需要的时间就可能会比较长。这既跟环境有关，也跟孩子的个体差异有关。但无论是孩子还是成人，进入一个新的群体，都会面临重新建立安全感、归属感的问题。

在这个时期，家长晚间的陪伴尤为重要。和孩子交流一下：白天在学校里发生了什么有趣的事？今天的收获是什么？烦恼是什么？沟通时关注孩子的情绪，尝试将每一天的问题及时解决，不存留。

第二日上学的准备工作也需要家长的协助参与，例如，给孩子示范如何整理书包、如何准备文具、如何准备好第二日课程所需要的材料……陪伴孩子每天这样做，为第二天的学习生活做好准备，会让新的一天更轻松。

家长真的不容易，但去观察你们的孩子吧，他们一边喊着累，一边仍在努力。学校和爸爸妈妈若配合着支持孩子去面对这个变化，少则两三个月，多则一学期，他们就会在真实的体验中逐步适应一年级的新生活，顺利完成幼小衔接。

我的作业是我的

我的孩子现在已经上大学了。从上小学一年级开始，在写家庭作业方面，我和她就做了约定。

放学回家，由她自己选择时间完成家庭作业，同时作业需要由她自己去完成，这是她作为学生要承担的责任。我会陪伴她，在她需要帮助时帮助她。

做了这个约定后，我观察到，她回家会先吃点儿东西，再开始写作业。吃东西的过程好像在补充能量，同时也在放松。当她开始写作业，遇到不会的内容时，她就会找我帮她讲解。两个月的过渡，她基本上就能独立完成家庭作业了。

慢慢地，这种习惯变成了她的秩序。我基本不会问她："你写作业了吗？""作业写完了吗？"

四年级下半学期，她突然提出周末的时候，不想周五就写完作业，要周日再来完成。我回应她："你的作业由你决定，只要确保按时交给老师。"

她开始调整，周末的作业分摊到周六和周日写。几周之后，她说这样不行。因为在玩的时候心里总是惦记着作业，所以玩得很不畅快。最终，她透过自己的体验，又回到了最初的状态，星期五晚上整晚写作业，然后整个周末很畅快地玩。

经历了小学四年级的这个变化后，一直到六年级，她都保持着这个习惯。初中，她的周末作业逐渐调整为：周五晚上写一点，周六写一点，周日写一点。这些都是由她自己体验后，自己调整、安排的。这个阶段，她已经不再为没写完作业去做其他事情而焦虑。

再长大一些，她对安排自己的时间更加游刃有余，什么时间写作业，什么时间休息，什么时间看书，什么时间画画，自由自在。初三，学习压力陡然增大，星期五晚上成为她最重要的放松时段。她选择不写作业，而是看一部电影，或者读读书。如果到了晚上很晚还没有睡意，她就再写一会儿作业。

女儿自由地支配和安排自己的学习和生活的时间，这使得她至少收获到了三个礼物：

第一个，她对管理自己的时间很有经验，很有信心；

第二个，自由支配和安排时间的过程使她将学习和生活的责任落到了自己身上；

第三个，她最终形成了自律的品质，并因此能够自在地平衡学习与生活。

很多家庭中，父母每日追着孩子：“该写作业了！”“作业写了没有？”“几点写作业？”……这些语言几乎使爸爸妈妈成了与孩子沟通的话题终结者，不仅让亲子之间没有了亲密沟通那些真正重要的问题的机会，而且在孩子那里，会形成一个感觉：我是为了爸爸妈妈去完成作业。

这会给孩子的成长增加很多无益的成本，这个“成本”是什么？成人重复的说教，对作业的紧张，孩子的无奈和抗争，对作业的抵触，都在损耗着家庭成员的精力，最要紧的是损耗了孩子发展其他部分的机会和时间……这些都是“成本”。

父母懂得放手，但不放掉自己陪伴的责任，把作业的问题交给孩子主导，协助他们在学业中面对困难，让孩子意识到：我的作业是属于我的，我要自己去完成，我自己要为写作业这件事情负责。不仅仅是作业，还应该帮助孩子将这个意识慢慢贯穿到整个人生。

关于家庭作业的问答录

Q：孩子写作业时喜欢拖拉，怎么办？

A：拖拉是我们看见的一个表面现象。这个现象背后的原因是什么呢？

如果我们不去评价孩子拖拉，而是去观察孩子在作业上遇到的困难是什么，这个支持系统就建立起来了。观察孩子是在能力层面、心力层面，还是意识层面需要协助。

意识层面是指孩子是否把做功课纳入自己需要承担的责任之中。如果你发现孩子完全还没有把作业纳入自己需要负责的意识之中，就需要跟孩子去沟通，跟孩子分享进入小学后，做功课是他所要承担起来的学习责任。

从能力层面看，孩子的能力形成需要一个过程。完成家庭作业时，家长需要观察孩子是否遇到了具体的问题，是概念不清晰，还是逻辑关系不清晰；是识字量不够造成不会读题，还是会读但在理解上有困难。你去观察孩子遇到的实际困难，发现后可以用实物演示的方式再去帮助孩子理解和解决问题。实物演示是更适合小学低中年级的讲解方式。重点是陪伴，从陪伴开始，过渡到半陪伴，再过渡为孩子独立完成。

再看心力层面。有许多孩子面对作业时会有心理压力，还没有开始做就已经开始痛苦，家长观察到后可以跟孩子去协商，看看是否可以把作业分段，让每一段的完成变得简单容易。一段完成后，家长就对孩子付出的努力给予肯定和鼓励，让孩子从中获得能量，用行动让孩子体验到“我是可以的”，然后再进入下一段的学习。

Q：这个过程中，爸爸妈妈的参与是否会让孩子认为作业是爸爸妈妈的责任？

A：虽然作业是孩子自己的责任，但是在孩子还未建立起独立完成学习任务的能力之前，父母的陪伴是帮助孩子逐渐建立起这种能力和意识的重要途径。爸爸妈妈要根据孩子的具体状况，与孩子共同协商，去尝试选择、制订适合孩子完成作业的方式、方法，帮助孩子逐步走向自我管理。另外，父母的陪伴会在家庭中形成一个学习氛围，学习是需要有氛围的，你同意吗？

给爸爸妈妈几个观察孩子的角度

需求方面：孩子完成作业拖拉，他背后的需求是什么？他为什么要这样做呢？

规则方面：是否建立了规则？建立规则是否是和孩子共同建立的？规则的内容是否适合？

其他方面：当孩子在书写作业的时候家庭环境是怎样的？这样的环境能否让孩子专注在书写作业上？孩子的学习用品是否齐全、能够使用？

有位家长觉得自家孩子是个男孩，自我管理能力很弱，不知道该怎么办。

我认为在小学阶段，孩子在学习上的自我管理能力普遍会弱一些，并非只有男生面临这个问题。女生因为在沟通能力和语言文字的理解力部分有阶段性的优势，所以看起来男孩在小学学习时的自我管理部分会有更大的困难，尤其是中低年级。

具体到写家庭作业的部分，我们可以尝试以下方式去协助孩子：

第一，家长与低年级段的孩子共同制订“课业时间表”和做功课的规则。例如，每天放学回家后，孩子有半小时到四十分钟的自由时间，可以休息，可以玩。然后，做功课的时间到了。做功课期间的规则是：不能看电视、玩电子游戏、上网等，一直到功课做完为止。

第二，家长和孩子共同协商并制订晚间分段学习时间表。

例如：

17：30—18：10　自由活动时间

18：15—19：00　做功课

19：00—19：30　晚餐

19：40—20：20　做功课

家长要充分听取孩子的意见，结合所在城市的作息时间来与孩子共同制订。

第三，列清单。家长陪伴孩子将每晚的活动制订一张活动清单，然后按照孩子喜欢的等级一一列出，估算出每项活动需要的时间。

晚间活动清单

A.自由活动

B.完成数学作业

C.和朋友聊一会儿天

D.完成语文作业

E.做家务

F.玩一会儿电脑游戏

G.读书

通过列清单的方式，让孩子自己分析并最终找到适合的做作业的时间安排方式。

这些方法的重点在于，你不能脱离孩子去帮助他做一个你认为对他好的计划或者规则，一定要充分尊重孩子的想法和需要，与孩子共同协商决定，在实践过程中产生了问题，也需要双方再次共同讨论修改及解决问题。让孩子在充分为自己做决定、为自己负责的位置上去体验自己和学业的关系。自我管理的能力要从他能为自己做主开始。

如果家庭中共同制订了规则，但孩子不能遵守，又该怎么办?

对于已经建立了规则，但不能完全遵守规则的孩子，父母需要了解的和“拖拉现象”有相似之处。再给予几点参考建议：

1.观察孩子是否对设立的规则目标有压力，如有压力，双方协商重新建立适合孩子的规则。

2.规则确立后，所有人都要共同遵守，父母也要坚持遵守规则。当孩子不能遵守时，父母要用平和坚定的态度、积极的语言提醒孩子。（初次建立规则，可能要反复多次，孩子才能内化到秩序中。）

3.当孩子遇到作业中的难题需要帮助时，家长及时给予帮助。

4.对孩子付出的努力和进步，及时给予欣赏和鼓励。

5.在孩子做作业的这个时间段，家长坐在旁边阅读，一起创造一个安宁的、适于学习的氛围。

当看到孩子期末考试的分数时

小学期末考试，我巡视考场。

高年级的孩子久经考场，早已成熟老练。班里静悄悄的，只听见唰唰唰的书写声。

中年级的孩子，处于过渡阶段，正在逐步适应题量大的考试。所以孩子们在专注答题之余，偶有抓耳挠腮的神态。

二年级孩子的考场里显得有些躁动，他们遇到疑惑的题目，频频举手。有一个孩子，对着试卷先自言自语地组织语言，然后再往卷子上写。

一年级的小朋友，还需要老师帮助读题。一些进度比较快的孩子略过读题的老师，悄悄地答了后面的好些题。最让我惊诧的是那个平日里不怎么听课，上课总想跑出去的男孩，卷子答得特别好。

考试是什么呢？是学习历程中一次阶段性的自我检测。通过考试，让孩子去发现自己还有哪些地方不清晰，哪些内容未掌握，需要再学明白、弄清楚。考试帮助孩子对自己的学习情况有更多的了解，是无数学习方法中的一种，但绝对不要把考试当作结束，它更不是一锤定音的审判。

每个班都有几个“学霸”，大多数孩子不紧不慢，还有几个孩子学习节奏慢一些。《思维教学》一书中将孩子的思维分为分析型思维、创造性思维和实用性思维，我觉得很有道理。只要孩子们对学习保有兴趣，有意愿去学习，明白学习是自己的责任之一，迟早都能收获学习带给他们的礼物，而非一个个分数。

我曾见识过那些低年级时浑浑噩噩的小男生，他们的发展好像一直在内部运作，外显好像进展缓慢，但高年级时突然产生了质变，茅塞顿开。前提条件是他们在显得慢的时候依然被理解和支持，而非批评、打压。

所以，想温馨地提示爸爸妈妈，当你看到孩子的期末考试分数时，一定要保持理性，既不要浮夸地沾沾自喜，也不要暴跳如雷。有能力的，指导孩子分析一下问题出在哪里，然后共同商讨解决方案；没有能力的，请孩子自己做一个分析，心平气和、好好倾听孩子。

敏锐捕捉孩子发出的讯息

刚升到初中的女孩柯北回学校来看老师。这些孩子每次回来的时候，总是先来办公室找老师聊天，再去找他们毕业班的老师聊天，接着会去操场上打打篮球。

柯北最近来了好几次，但每次当其他几个孩子去打篮球的时候，她就又折回来，坐在办公室里迟迟不愿离开，欲言又止。

今天，观察到柯北又回到办公室，我迅速处理完手上的工作，想跟她深入地聊一聊。

走到她的身边，我问："是不是遇到什么事情了？老师可以帮助你吗？"她一下就哭了，半晌不说话。

我等了一会儿，继续问："是上中学不适应吗？"

她回应我："升到初中，老师对我很好，我和同学相处得也好，但总感觉缺乏一种归属感，觉得自己在心灵上很孤独。"

这让我太震惊了，一个十二岁的孩子如此清晰地谈及自己归属感的问题和由此带来的孤独。但我并不知道该如何回应才能够帮到她，一时语塞。

一会儿，一直在办公室另一头的安老师走了过来，在柯北的对面坐下，看着柯北："柯北，在你的表述中，我发现你跟自己的互动是非常好的，你非常清晰自己的内在。无论你是否意识到了，目前你的状态是将自己归属到自己的。"这番话似乎与柯北的某种东西碰撞上了，她定定地看着安老师，等待安老师继续说下去。

安老师说："归属感是每个人的心理需求。在这个世界，归属的方式有很多，但对于一个人来说，最安全、最高级的归属就是归属于自己。当一个人归属于自己时，必然会有一种孤独感。孤独是存在的，也是必然的。你试着从这个角度去观察自己。"

……

一场师生的对话结束了，柯北一开始那种阴郁的表情已经在她倾诉的过程中渐渐褪去，面庞泛起了光，人一下明朗了，也确定了。

她不断地回到学校，一次又一次，终于找到一条通道帮助自己走出了迷茫。

在我二十多年的职业生涯中，没有见过一个生命不珍爱自己。总有一些时候，你会发现孩子出现了某个奇怪的举动，或者原有的习惯突然发生了变化。从出生时只会用啼哭去表达自己，到使用各种情绪，再到使用语言去表达……一个新的生命在走向成熟的历程中，会无数次地用各种方法去向他信任的人发出讯息，拼尽全力去获得自己成长所需的资源和支持。对此，养育者一定要有意识。

孩子的语言

“为什么我是人，而不是猫或狗？”

“因为你的爸爸妈妈是人，所以你是人类。”

“你的灵魂选择了当人。”

“你的基因决定了你是人。”

“为什么世界上不能没有爱？”

“因为没有爱的话，这个世界就充满了邪恶，世界可能就灭亡了。”

“就不会有家庭，就不会有孩子，人类就不能繁衍。”

“爱是对人的一种表达方式，如果没有爱，人就没有了自我。”

“如果没有爱，彼此不认同，人类就会趋于灭亡。”

“如果没有爱，世界会有许多冲突。”

“传统的意识有时只会变成你去创新的障碍，如果你不设法翻越它，它就会把你盖住；但如果你想翻越它，它的存在便会成为你突破和创新的强大助力，这样你才会成功，才能够被认可。但是不管别人是否看好你，你已经超越了自己的内心，被自身看好。”

后记

感 谢

25年，你们与我亦师亦友——孙瑞雪老师、王瑞君老师、王银春老师、李燕老师、刘明亿老师……还有近10年来给我影响最大的安长喜老师，每次与你们聊孩子、聊教育、聊生活、聊人性、聊关系……那些交谈的时刻和交谈中闪耀的智慧，帮助我更深地扎进自我的成长和我从事的教育工作中。

还有我的那些孩子们，我爱你们。岁月流逝，你们一天天长大、毕业、离开……总有那么一些日子，大大小小的，你们又回来了，坐成一簇，分享自己的经历、理想，对事物的认识、看法，绕不过去的还有你们对母校的情感。总有那么一个时刻，我们热泪盈眶，相信你们都还记得。

还有家长们，一批又一批，因为孩子，我们相遇。在校园里，我们借着谈孩子的机会，谈养育的困扰和需要得到的支持；在父母课堂里，借着谈教育、谈儿童的课程，我们流泪、释然、突破、彼此扶持。有的家长，孩子已经毕业，依旧会回到学校，坐一坐，上上课，再聊聊孩子现在的情况。大多时候，看似我在帮助你们，但真相是，你们的信任同样支持着我、温暖着我。

还有我最爱的女儿毛毛，你的出生把我的生命带进了另一个维度。从牙牙学语到小学高年级时的某一天，你义正词严地对我说："你是你，我是我，你不要总想用你的标准来要求我。"你的勇敢、本质和包容，令我动容也促我成长。跟随着你成长的步伐，让我对儿童生命在每一个阶段的发展特质有了更加细致、贴近的体会。

还有我自己，多年前的那个傍晚，我走进这所幼儿园，选择了这份我热爱的职业。25年来，时常感受到喜悦和满足，也总有些时候会感到灰心和伤痛，有轻也有重。但当我去回看自己25年里记下的每一笔时，便不再动摇。我感谢自己持恒而坚定的选择，无悔。